A ma mère, mon père et mon frère,

A mes fils,

A mon amour, premier lecteur de mes songes…

Un jour ensoleillé de Mai dans les calanques.

« Pourquoi écris-tu ? »

« J'ai quelque chose à régler avec la mort. »

Au commencement de ma vie, j'ai vécu dans un paradis absolu.

Tahiti en Polynésie Française.

Ce fut une vie dans la magnificence de la nature prolifique. Une enfance à la hauteur de l'insouciance des deux personnages du film «le lagon bleu». Deux êtres échoués sur une île du pacifique qui s'aiment dans l'innocence et vivent coupés du monde des hommes.

J'étais dans un état similaire, la fraîcheur de l'âge tendre. J'avais reçu en intraveineuse la beauté de la nature dans ce jardin d'Eden. Mon âme en état de liberté s'était déployée comme un flamboyant. Un appétit de vivre avait pris racine dans mes jeux. Mais, j'étais inconsciente de ce bonheur vivace.

Mes 10 ans sont arrivés. Inévitablement, et je quittai définitivement le paradis au sens propre comme au figuré.

J'atterrissais en métropole, perdue. Je découvrais la violence et la brutalité du retour à une certaine réalité avec la rudesse de l'enfermement bétonné et la confrontation avec des êtres coupés du sens humain et des sens naturels. En parallèle, je perdais la faculté de comprendre spontanément le lien entre les choses. C'était comme si, à ce moment-là, je devins coupée de mon état intérieur d'origine.

Comme un caillou coule dans un aquarium, j'étais aspirée sans appel dans le fond. Il n'y avait aucune douleur, presqu'un état d'indifférence qui confère une sorte de lucidité. J'effectuais une véritable descente dans le ventre de la terre, mère. Autrement dit, je partais en recherche de quelque chose, dans cette profondeur. Peut-être le cœur de l'âme de la vie ou peut-être en quête de l'esprit de mon paradis perdu, qui sait.

Par rémanences, l'éveil de ma conscience se fit au moment où la mort s'invita. En embuscade ou en passager mystère, elle occupa le siège vide des tables de fêtes. En éclaireur des sentiers perdus, elle stoppa mon errance.

Avec recul, chaque mort croisé devint une pièce de puzzle, mettant en évidence que la mort m'accompagnera durant toute ces années de vie que je le veuille ou non. Je ne partis jamais « à la guerre », mais pendant 40 années j'avançai en laissant des morts anonymes ou proches dans ma traine ou sur les bas côtés. Etonnamment, chacun d'eux me parleront de quelque chose de moi, ma vie affective que j'avais oubliée quelque part dans un entre-deux.

Est-ce que la mort est une entité maléfique ? J'aurai pu le croire.

Dans l'ombre de la mort, je découvris en effet qu'il y a la noirceur des sentiments et des épreuves terribles, la tristesse de la séparation et de la perte définitive. Comme la répétition de quelque chose à laquelle je m'attends, qui fait très mal. Je découvris surtout la difficulté d'entrer complètement dans ce corps qui nous véhicule et la complexité d'en faire sien, intégralement. Par peur d'y souffrir.

Dans le reflet de sa lumière, oui il y en a une, je réalisai que le temps pour incarner qui on est vraiment est compté. Par conséquent, il y a et du merveilleux dans l'instantané, et du beau jaillissant des heures sombres. On pourrait comprendre implicitement « il n'y a pas de temps à perdre », en vérité je dirai à présent, tout vient à temps quand on est prêt à ouvrir ses yeux ou son cœur, même au seuil de la mort.

La vie prend forme dans la naissance pour entrer en chair et sur le souffle. Par analogie, à l'instant où on se libère des chairs et du sang, dans la mort, on peut redécouvrir que l'essence de l'âme reprend vie en toute liberté, encore.

Pour moi, le défi de vivre est celui du bon de l'âme libre dans les limites du corps humain qui se met en mouvement dans ce monde. Le défi de vivre est celui de se sentir vivant dans ce temps des montres, si précieux.

Je passai une grande partie de ma vie ou de mon temps, devrais-je dire, ou à me chercher ou à me perdre. Dans un dialogue intime avec soi, je cherchai à me trouver dans le miroir de l'autre, dans l'effort et dans la douleur parfois, je me reconnaitrai avec le temps et l'expérience en osant affirmer la personne que je suis. De l'ensemble, je sus que l'âme en partance abandonne l'enveloppe, ou la forme et que l'authenticité de l'existence peut encore se révéler. La mort sonne ainsi l'heure du renouveau à créer.

Ces nouvelles sont une sorte d'hymne à la vie aux dernières heures ou à l'inverse, dès les premières années de cette vie terrestre. Ce sont des récits de personnages inspirés de personnes vraies de ma vie.

J'aime les histoires. Plus que tout, j'aime comprendre les choses de la vie. Ce qui me caractérise est la corporalité qui est à l'origine de mes connaissances, puis de ma façon de penser. J'ai commencé à me raconter des histoires avant de savoir les écrire en mots. Puis, j'ai enfin appris par des enseignements dont le corps et sa compréhension étaient le centre. Puis, lâchant la pratique, je suis retournée dans l'introspection enrichie de mon savoir-vivre et ai recommencé à écrire, autrement.

A ma manière, l'écriture sert une ode. L'ode au temps précieux. Par exemple, le temps qui précède ou suit la mort. Ainsi, je me saisis de la mort pour mettre en relief l'éphémère du détail ou l'éternité des instants merveilleux qui m'habitent et qui me rendent si vivante. Je les livre en mots pour qu'ils reforment une histoire.

Une vie ne suffit pas pour attendre la mort. Je crois qu'on ne meure jamais une seule fois, parce que j'ai l'impression d'avoir vécu milles et une vies pour accoucher de moi-même.

L'ultime communion

1

L'aube pointe, des bruits de rêve se bousculent encore.

Dans un lit, un corps séché de femme en pleine trêve. Elle s'appelle Rachel. Son état général est critique. Son corps maigre ne bouge plus. Ses cervicales bloquées empêchent sa tête de pivoter librement.

Son dos adopte un prolongement rectiligne comme une branche séchée. Des ramifications, ses membres figés aussi, se terminent par de fines mains qui ont définitivement perdu leur agilité d'avant. Ses poumons ont aussi perdu une partie de leur capacité respiratoire, elle a besoin de lunettes à oxygène en permanence pour respirer. Couchée sur un matelas à eau, Rachel est comme un radeau flottant dans l'océan de vie.

Hier encore, lui raconter le quotidien génère du plaisir. Lui présenter un projet original stimule sa créativité. Partager des vacances dans le vacarme des familles ou une journée à buller la ravit. Pleurer dans un passage à vide amène sa culpabilité de ne pas faire assez pour l'autre. Rachel est la bonté et l'enthousiasme incarnés, mais est seule. A 30 ans, une rupture violente après 10 ans de vie conjugale la tétanise sur place. Elle se détourne de l'aventure du couple. Elle dédie son temps à ses amis et son travail. En vingt ans, sans mari, ni enfant, son quotidien se laisse empoisonner par des douleurs disséminées dans les articulations, par crises au départ jusqu'à devenir chronique.

Depuis mai, Rachel est hospitalisée. Hélène, sa sœur ainée, a débarqué de Paris imposant ces droits d'ainesse. Elle a repris la main sur l'univers « de bourgeoise recyclée marseillaise » de Rachel, selon ses termes et sans comprendre, le cercle intime s'est retrouvé mis en marge. Balayant leur différend d'un revers de main, les membres de sa famille ont refait surface et se sont entichés d'elle à nouveau. Ils se sont donnés mission de prendre soin et redonner protection comme si les vingt ans de critiques aigres n'avaient plus cours. Après deux mois de garde rapprochée, la rébellion a sonné encore. Rachel, rétractée au fond de son lit, est devenue une grenade dégoupillée, explosant dans des colères noires. Selon les dires d'Hélène, Rachel était impossible à raisonner, la seule solution à sa souffrance fut médicale, c'est-à-dire augmenter les doses d'antalgiques puissants délivrés régulièrement. Sous l'effet des drogues, Rachel est rentrée dans un silence épais. Les périodes d'éveil se sont raccourcies et les temps de sommeil prolongés. Avec ce silence, le vide a pris place, plus pesant que ses colères. Sans l'avouer, tous attendaient son dernier souffle comme la libération de cette impasse. Mais étrangement, elle tenait en vie, recluse sans mots, ni cris, ni pleurs. Devant cet état persistant, plus personne ne savait plus dire ou faire quoi que ce soit. Une certitude demeurait. Elle était encore consciente et en fin de vie.

Puis, Hélène se décide à rappeler Léa, confidente et amie de toujours de Rachel et lui demande de revenir près d'elle pour la soutenir.

« Ça a été très blessant d'être sans nouvelles, d'avoir été écartée sans explication, tu sais. » dit Léa sans ménagement.

« Ce n'était pas prévu. »

« Tu entends bien que vous avez beau être sa famille, ça ne vous octroie pas le droit de vous comporter avec un manque de respect pour ses amis proches. »

« Je sais, pardonne-moi, ne sois pas fâchée Léa. »

« Je suis pire que fâchée, je suis ulcérée, là telle que tu m'entends. Vous débarquez et vous vous prenez pour les meilleurs comme d'habitude avec vos bonnes manières et vos grands moyens, mais vous êtes dénués de sensibilité et de considération pour les autres. Maintenant que vous êtes devant votre impuissance, non votre vide abyssal, vous vous présentez à plat ventre la bouche en cœur. »

« Je sais... »

« Oui, justement, vous ne savez que trop à la place des autres ! C'est bien ça le problème. Vous mériteriez que je vous laisse vous débrouiller dans votre merde. »

« On n'en peut plus. » lâche-t-elle.

Silence de Léa.

« Elle attaque nos nerfs à vif. Elle ne nous supporte plus, quoiqu'on dise ou fasse pour elle, rien ne va ! Quand elle ouvre les yeux, elle nous lance des regards noirs. C'est horrible. »

Silence, toujours.

« Elle ne dit plus rien, ne me demande pas pourquoi, ces choses psychologiques, je n'y comprends rien, enfin si (elle soupire), je comprends qu'elle se ferme. Viens, je t'en prie, aide-nous.»

« Vous êtes pathétique et ignorant, je vous plains. Je vais me calmer. Je vous rappelle dans quelques jours pour vous dire ce que j'ai décidé. » reprend Léa.

« Merci Léa, tu es une amie formidable. »

«S'il te plait, distribue tes bonnes manières pour les autres. Si je décide quelque chose, c'est pour Rachel. Tu entends.»

2

Quelques jours plus tard, Léa s'organise pour passer des nuits auprès de Rachel. Elle arrive dans la chambre en début de nuit. Elle était soulagée d'avoir vidé ce qu'elle avait sur le cœur à Hélène. Elle reste en arrêt devant le lit de cet hôpital. Elle ne peut détacher ses yeux de cette incroyable transformation vers la mort. Plus que la vue de son corps figé, le fond de tristesse que Léa connait de Rachel dévore son être entièrement. Son silence était l'arme fatale pour prendre de la distance vis-à-vis de sa famille, mais il la ravageait à l'intérieur.

Léa se demande comment rétablir l'échange dans ces conditions. La télé est en marche. Rachel ne réagit pas à sa présence, elle dort. Léa finit par s'asseoir sur le fauteuil près du lit. Une pub de parfum tournée avec une star de ciné passe à la télé. Elle augmente le son, ne résistant pas à l'attrait des images de Paris, ni à la musique envoutante, ni à la superbe actrice qui descend les marches en courant, insaisissable. Ce genre de pub provoquait des réactions hostiles de

Rachel. Elle arguait que tous ces artifices de la féminité étaient un attrape nunuche.

« La beauté et l'amour servis dans un bel écrin, ça fait rêver. » disait Léa.

« Ne te laisse pas prendre par les belles apparences sans matière. C'est surfait, je te dis. »

« Oui, je sais, je ne suis pas dupe. C'est pour vendre du rêve, mais que veux-tu, j'adore ça. »

« Passe encore que tu me traines pour voir des films romantiques mièvres, mais ces pubs aux images léchées avec les ralentis, les pauses et les diamants, ne me dis pas que c'est du rêve, c'est de la propagande pour la femme soumise à son image ! »

Rachel défendait la théorie que le féminin se décline de l'intérieur et que l'habit n'est qu'un attribut secondaire, même si nécessaire. Léa pensait qu'être une femme, en soi, n'est pas si simple pour se sentir féminine et radieuse. Le vêtement était une aide précieuse pour révéler sa féminité. Elles tournaient en rond. Rachel et Léa étaient deux brunes à la taille fine et aux styles de vie opposés. Quand Jeffrey, le mari de Léa, captait que ça sentait le roussi, il arrivait près d'elles en imposant sa haute taille avec deux verres de vin à la main et ajoutait gaiment :

« Ah, j'adore quand vous parlez chiffons. Allez, on trinque.»

Il détournait le sujet et l'émulsion retombait comme un soufflet.

« Oui, j'aime surtout te voir belle quand je te fais tanguer dans ta petite robe noire qui vole. Je suis l'homme le plus chanceux du monde. Merci Rachel, tu as des doigts de fées. »

Toutes les deux partaient à rire. Jeffrey avait l'art du compliment. Il avait réussi son effet. Son humour avait le don de désamorcer Léa en maintes situations, mais Rachel aussi, habituellement résistante aux compliments des hommes.

« Quand vous aurez fini de vous crêper le chignon, je vous ai concocté un fricassé de poulet avec des petites pommes de terre fondantes. J'ai mis la table et j'ai faim. » Jeffrey arborait un air radieux, content de sa joute. Mêlant les actes à la parole, il se dirigeait vers la table dressée suivi docilement par les deux copines calmées. Il savait que la meilleure façon de faire redescendre Léa de ses hautes sphères était l'humour et la bonne chair au fond de l'estomac.

Rachel ouvre les yeux et essaie un mouvement, seuls ses globes oculaires bougent en direction de Léa.

« Hey, ma biche, c'est moi. »

Elles se regardent avec tendresse, Léa se penche vers elle pour l'embrasser.

« C'est quoi, ces nouvelles moustaches en plastique ? »

Rachel referme les yeux et n'a pas la force de sourire.

« Je reste avec toi cette nuit. »

Rachel hoche la tête lentement.

Léa pose un petit baiser sur ses lèvres, lui caresse les cheveux et s'assoit sur le fauteuil près du lit.

Malgré la connaissance des souffrances de son amie, comme les autres, Léa est dans l'impasse. Ce silence est inédit. Entre elles, le bavardage était chose commune, elles avaient toujours quelque chose à se dire. A présent, il ne s'agit plus d'interagir avec du tangible ou des réactions émotionnelles, mais de se confronter à l'invisible pour la remettre en mouvement en profondeur.

«De quoi a-t-elle besoin ? » pense Léa.

Un jeune infirmier fait irruption dans la chambre et dit avec un accent prononcé :

« Elle ne souffre plus, rassurez-vous. Elle est sous calmant. Il ne reste plus qu'à attendre ! »

Interdite par cette entrée en matière, Léa ne peut s'empêcher de répliquer :

« Ce que vous me dites ne me rassure pas, vous savez. Attendre ! Attendre quoi ? »

« Euh ici, nous attendons de toutes façons, il n'y a rien à faire d'autres d'ailleurs, si ce n'est tous les soins qui empêchent son état de se dégrader des conséquences de l'immobilité». Se précipite-t-il à dire. Il ajuste une mèche de cheveux vers l'arrière comme un tic nerveux.

Cette façon de ne pas parler de la mort l'irrite au plus haut point. On n'attend pas la mort, pense-t-elle. Notre société contemporaine est, incontestablement, contrastée. Nous créons un évènement d'un rien et restons dans l'évitement devant les choses de la vraie vie.

«Vous trouvez qu'elle ne souffre pas, là ? Je crois que vous et moi, on ne voit pas les mêmes choses. Je ne suis pas quelqu'un qui considère qu'entre attendre et appliquer une technique médicale, rien d'autre ne soit possible. Il y a tout un espace qui demande à être créé. »

Léa parle à toute vitesse, irritée par la façon qu'il a de savoir les choses pour elle et l'allure dégingandée qu'il présente.

« Vous me parlez de ces techniques alternatives, n'est-ce pas ? » relance-t-il.

« Pas vraiment, mais laissez tomber. »

« Nous avons testé des protocoles d'acupuncture, d'hypnose ou d'aromathérapie, mais rien ne marche. » continue-t-il.

« Marcher ? Pourquoi ? Pour faire mourir les gens plus vite ? »

« Evidemment que non. » s'offusque-t-il.

« Dans quel but, alors ? »

« Pour soulager la souffrance, pardi. »

« Ah, oui. Les drogues dures, ça marche mieux sur les états d'âme.»

Elle lui tourne le dos, coupant court à la conversation. L'infirmier repart avec un air gêné de s'être fait mettre en boite.

Léa ne cherche pas à parler plus pour respecter le silence de Rachel. Elle éteint la télé. Rachel avait du caractère, il était vain de lui faire faire ce qu'elle ne voulait pas. Léa se calme en espérant que sa présence apaise Rachel aussi. Deux heures plus tard, elle ne perçoit aucun signe d'ouverture. Rachel reste enfermée en elle. Léa baille et fatigue. Sa tête s'alourdit, tombe sur la poitrine de Rachel, elle est en train de s'assoupir.

3

Je suis debout sur un tabouret en robe noire et mes talons aiguilles aux pieds. Je vois Rachel derrière moi, à genoux, des épingles dans la bouche, elle me demande de tourner sur moi-même et de ses mains agiles, elle ajuste l'ourlet.

« Aujourd'hui, je dois terminer ces dernières retouches avant le grand jour. Quand est prévue votre soirée tango avec Jeffrey déjà ? » me dit Rachel entre ses dents.

« Dans dix jours. »

« Bon, vous êtes toujours accro au tango ? Je ne comprends pas cette danse de macho ! »

« Sans commentaire. » dis-je en rigolant.

« C'est ça. Parfait, il me reste trois bricoles à finir. Tourne encore.»

«Ce n'est pas une danse de macho. Ne crois-tu pas que c'est encore long ? Je vais me prendre les talons dans le bas de la robe. »

« Casse-pied. Tu aurais pu me le dire plus tôt. Les hommes sont aux commandes à 100% et la femme suit. Cette opposition entre le masculin et le féminin est tout le temps présente.» S'écrie-t-elle.

« C'est maintenant que j'ai les talons aiguilles aux pieds que j'y pense. Les talons aiguilles sont l'arme fatale pour les pieds des machos. Tout l'art du tanguero réside dans la guidance en respectant le rythme et le niveau de sa cavalière. La beauté du corps à corps surgit de l'abandon de la cavalière et de l'accord qui s'établit entre eux dans la confiance. Ensemble, ils créent l'harmonie au fur et à mesure de la danse. »

« A d'autres, c'est de la soumission. Moi, je mène ma vie comme je veux et je crée. » conclut Rachel avec humour.

Son art est la création de vêtements pour femmes. Chaque année, Léa lui demande une petite robe noire. Pour Rachel, le vêtement ne doit pas déguiser la femme, ni l'empêcher de respirer ou de bouger librement tout en révélant sa féminité. Sur ce point là, elles sont d'accord. Léa adore passer à son atelier pour faire des essayages ou pour bavarder. Parfois, autour d'une tasse de thé fumant, elles papotent des heures pendant que Rachel fait glisser les tissus fluides sous le pied de sa machine à coudre. Elles ne voient jamais le temps passé. Les derniers essayages dataient d'il y a deux ans déjà.

La tête de Léa est portée par un bercement ample. Elle sursaute quand elle réalise que la poitrine de Rachel la soulève sans plainte. Rêve-t-elle ? Est-ce qu'un souvenir en rêve peut faire vivre quelque chose à quelqu'un en contact. Elle va dans la salle d'eau, se mouille le visage pour se réveiller. Dans le miroir, elle voit les traces de son sommeil à sa joue chiffonnée et se dit :

«J'ai rêvé. C'était bien moi dans le rêve ? »

Elle ne sait pas ce qu'il se passe, mais il se passe quelque chose. Rachel s'éveille-t-elle dans ses rêves ? Ou rêve-t-elle aussi quand Léa rêve ?

Elle repart s'asseoir près d'elle.

 « Tu te rends compte les heures qu'on a passé à se raconter l'une à l'autre. » lui dit-elle à l'oreille. Elle lui caresse les cheveux.

« Je connais tous tes maux et toi, les miens. »

Elle l'observe.

« Qu'est-ce qui se passe dans ta tête ? De quoi as-tu besoin, là aujourd'hui ? Tout le monde est persuadé de te faire du bien, mais visiblement ça ne te convient pas. Qu'est-ce que tu veux vraiment ? »

Elle lui sourit. Elle laisse sa tête de nouveau se poser sur son torse et se laisse entraîner dans le bercement de son souffle et les battements de son cœur. Elle ne peut s'empêcher de penser qu'elle peut encore partager de petites choses. Que leur restent-ils à partager ? En renonçant à faire un dans l'amour, Rachel a tenté de se protéger de la souffrance. Léa n'a jamais réussi à la convaincre qu'il y avait de belles choses à vivre dans l'amour, même si on en souffrait aussi. Elle se laisse glisser lentement dans le sommeil.

4

Allongée en slip sur le ventre, mes mains fabriquent un petit coussin pour ma tête. Dans un salon, une douce lumière naturelle inonde la pièce. Une odeur de pâtes au pesto et parmesan imprègne encore les lieux. Je tourne ma tête d'un coté sur ma joue droite, puis à gauche, rien à faire, je n'arrive pas à rester sans bouger sur cette serviette bleue. J'ai l'impression d'être en pleine digestion alors que nous avons fini de manger depuis belles lurettes. Je sens mes jambes tendues. J'ai aussi le ventre serré. J'attends. J'ai beau vouloir être là, j'ai le trac.

Je cherche un peu de chaleur en direction de la baie vitrée, mais le soleil est passé de l'autre coté de l'immeuble. Je me fredonne l'air de Nat King Cole « Unforgettable » qui passait juste avant.

Léo arrive jusqu'à moi. Il porte des vêtements blancs souples et légers. Il a l'air du parfait kiné en soin sauf qu'il est paysagiste. Il s'agenouille près de moi et me montre le petit flacon d'huile. Il l'ouvre et laisse perler quelques gouttes dans sa paume qu'il fait chauffer entre ses mains rapidement. Il approche ses mains énergiques près de mon nez. Un parfum délicat s'y échappe. Des vapeurs d'agrumes embaument l'espace. J'ai l'impression que mes poumons s'ouvrent en même temps que mon ventre.

« Tu aimes ? ». J'hoche la tête.

« Mandarine, effet relaxant garanti, paraît-il. »

« Oui, c'est délicieux.»

Après la cuisine où il m'a montré son sens du goût, il avait celui du toucher délicat. Quelle agréable surprise, ce n'était pas un beau parleur !

« Est-ce que je peux commencer ? »

Je fais un signe de tête en guise de réponse. En suivant une logique de bas en haut, il commence à suivre les lignes de mes pieds et de mes jambes. Puis il parcourt mon dos, mes fesses, termine par mon cou et mes bras. Ses mains glissent lentement, en insistant sur les zones tendues et en enveloppant mon corps petit à petit d'une fine pellicule de mandarine.

Je sens qu'il s'en tient au massage, au sens strict du terme. Je me laisse aller en relâchant tout contrôle. Au fur et à mesure du passage de ses mains, je m'étale dans le sol comme une crêpe s'étalant dans une poêle. Je laisse ma tête se poser à même le sol. Je me rends compte à cet instant que c'est bon de s'abandonner à ce qui se passe. Mes sens sont en état d'ouverture pour une belle symphonie.

5

Léa relève la tête lentement. La poitrine de Rachel se soulève dans un rythme plus rapide. La main de Léa est étalée sur son petit sein et elle aussi portée de concert avec la poitrine. « Léa, je te dois un massage » voilà comment l'histoire avait commencé entre Léo et Léa. Il était le masculin de son féminin au sens propre comme au figuré. Le souvenir de Léo lui revenait en flash back. Dans la pénombre, elle cherche le réveil digital et le temps que sa vue s'accommode, il affiche trois heures du matin. Elle se masse lentement le cou, tourne sa tête à droite, puis à gauche pour assouplir l'ensemble. Elle se lève petit sourire aux lèvres et fait quelques pas autour de son lit, elle a des fourmillements aux jambes, et par alternance, elle les frotte pour retrouver un semblant de circulation sanguine.

En s'approchant du visage de Rachel, elle aperçoit la trace d'une larme qui s'est écoulée de son œil droit. Elle sait que ses yeux s'écoulent parfois, mais ce n'est pas toujours en lien avec des pleurs. Elle lui sourit débordant d'espoir que ce soit émotionnel. Une infirmière de nuit entre discrètement dans la chambre pour vérifier quelques constantes biologiques et changer la perfusion qui l'hydrate en continue. Elle échange un coup d'œil et l'infirmière lui fait un large sourire.

« Tout va bien ? »

« Est-ce que vous savez si Rachel peut rêver ? » Lui dit Léa en s'asseyant.

« A priori oui, rien ne prouve le contraire, son activité cérébrale est normale et si l'on s'en tient à cela, c'est tout à fait possible. Je n'ai rien lu à ce sujet, mais je sais que tous les êtres humains rêvent, même s'ils ne s'en rappellent pas tous à leur réveil. Quand on ne rêve pas de toutes les manières, on peut devenir fou. C'est terrible, non ? »

L'infirmière s'installe au côté du lit et s'y appuie. Sa voix chantante et sa tirade à cette heure de la nuit étonnent Léa.

« Oui. Avez-vous remarqué que les personnes très malades évoquent leurs rêves ? Je n'ai plus le souvenir qu'elle ait exprimé, ces dernières années, le rêve de vivre quelque chose, à part retravailler à nouveau. »

« Je les entends plus parler de leur regret, moins de leur rêve. Je pense qu'ils continuent de rêver, mais je crois qu'on leur laisse peu la place d'en parler, comme si envisager l'avenir, personne ne se l'autorise vraiment. »

« Travailler restait pour elle une manière d'être utile et d'exister. » dit Léa.

« Oui, c'est souvent le cas quand on est encore en âge d'être actif. Vous savez, quand il s'agit d'enfants ou de jeunes adultes malades, on laisse naturellement plus la place au rêve … »

« Vous croyez que la maturité balaye la liste des rêves ? Même si on a des désirs profonds non réalisés, on garde nos rêves, non ?» ajoute Léa.

« Rêves ou désirs profonds ? Quelle différence, que deviennent-ils ?».

«Aux oubliettes ? » s'écrie Léa en souriant.

L'infirmière hoche la tête vigoureusement.

« Heureusement qu'on peut être touché profondément par un artiste. Ça reconnecte avec la profondeur quand on reste curieux.» positive Léa.

« Hum, hum. Et vous ? Vous souvenez-vous de vos rêves ? »

« Lesquels ? Ceux de la nuit ? »

« Hum. »

« J'essaie. Avec mon mari, nous avons coutume de nous raconter nos rêves dès qu'on se réveille, pour ne pas les oublier, comme des enfants. D'une façon générale, je rêve beaucoup, j'ai même l'impression de vivre vraiment les émotions ou états que je traverse dans mes rêves. Comme si c'était réel.»

« Ah, ah, ah ! Le rêve, c'est voyager dans nos nuits. Quel exercice fabuleux pour entrainer le cerveau à se souvenir ! dit l'infirmière joyeusement. Je ne sais plus si les gens mesurent encore l'importance du rêve de nos jours. »

« Ah ça ! On est très paradoxal. Hyper connectés aux écrans, on a une vie presque sans secret en quelques sortes. Les rêves sont étalés sur la toile. Vous savez que notre époque bat les records du nombre d'images échangées ? »

6

Léa la regarde un peu mieux. Elle jubile et retrouve le style de conversation qu'elle entretenait avec Rachel ou encore Jeffrey, inépuisable lui aussi dans l'analyse et la réflexion. L'infirmière était grande avec la peau très blanche des personnes qui ne sortent pas le jour. Ses cheveux étaient blonds et courts et quand elle parlait ses yeux peints pétillent de vie contrastant avec son teint pâle. Elle avait de l'esprit et Léa adorait ça.

«Ça ne m'étonne pas. Dans cette génération, les gens sont hypnotisés par les nouvelles technologies. L'obsession de l'image devient une manière d'exister, associée au sensationnel. Les gens voient des images à gogo, mais ils ne savent plus se regarder les uns les autres. C'est superficiel et pathétique. Regardez comment on occupe les malades, devant la télé ! Les enfants, avec un I pad en main ! On finit par éteindre ou dissiper leurs rêves devant le déploiement et l'accessibilité aux distractions faciles. Leurs rêves deviennent des désirs à assouvir par écran interposé. Notre société peut rendre les gens encore plus ignorants, malgré l'accès au savoir qui est positif en soi. Les vrais rêves restent enfouis dans le monde des profondeurs. »

« Oh, non ! »

« Si. Quand je vois tous ces patients, ils se ressemblent tous, à peu près rassurer par leur existence matérielle, complètement égocentrés et malheureux. Ils n'échappent pas aux crises existentielles et se questionnent certes, mais consomment pour combler le vide en eux ou tombent malade. Vous savez la plupart des patients hospitalisés arrivent ici en moyenne deux à trois ans après leur retraite. C'est bizarre, non ? »

« C'est inquiétant ce que vous me dites là, mais je veux comprendre.»

Quand l'infirmière parle ces ridules en bordure de sa bouche dansent et indiquent parfaitement qu'elle atteint de la soixantaine d'années.

« Ouvrez les yeux, d'où sortez vous ? Les gens ont une vie active qu'ils remplissent inlassablement pour ignorer leur vide ou leur ennui et une fois en arrêt, leurs télévisions les remplissent toute la journée. Les gens ingurgitent passivement tout ce qui s'y passe et ont l'illusion de participer à la vie. Ils ne sortent plus. Ils consomment du jeu télévisé, des morts ou du sexe, voyagent au travers le monde sans bouger de leur fauteuil. Ils créent l'illusion dans leur tête et ce ne sont pas les rêves dont on parle vous et moi. Ils n'échangent plus avec leur voisin, si ce n'est quand celui-ci perturbe la tranquillité du jeu de leurs habitudes. Non, non, pour rêver, on a besoin de vivre avec les autres et de s'engager entièrement dans la vie. Voyez, les gens ne savent plus rester intelligents dans le bonheur de vie.»

« Hum, ce n'est pas vraiment une ode à la vie que vous me faites ».

Elle s'emporte et est drôle à voir à s'enflammer, une autre Rachel.

« Ah, désolée, je vous importune avec mes réflexions. Il y a tellement peu de monde avec qui parler vraiment que j'en profite. Mais détrompez-vous, c'est le contraire, je crois beaucoup en l'être humain. C'est pour ça que je consens à m'occuper des malades, j'ai l'espoir de leur apporter une étincelle de vie encore un peu. Mon travail est celui d'une fourmi, grattant dans l'ombre. Parfois, il faut peu de choses pour les voir se raviver. C'est mon rêve d'ouvrir leur esprit à la vie quand le corps ne suit plus, ainsi je me sens utile, je m'amine».

« Je vous comprends, mon rêve serait de l'ouvrir pour une autre dimension de l'être.   Merci   pour   vos   paroles revigorantes.»

L'infirmière soupire d'aise. Une sonnette résonne au fond du couloir. Elle lève le nez comme un chat aux aguets, son sourcil se redresse, elle lève le doigt et remet sa main dans la poche, récupère son matériel déposé sur la tablette.

« Ah ! Voyez, c'est pour moi. Je vous laisse, le devoir m'appelle » murmure-t-elle avec un grand sourire et repart comme une ombre, discrètement.

A part se distraire ou être utile aux autres, de quoi rêve-t-on ? Se sentir en mouvement de l'intérieur est une évidence. Le désir profond d'amour, tout le monde en rêve. Léa s'appuie les bras sur le lit et prend la main de Rachel en restant pensive. Et elle referme les yeux.

7

Quand Léa était toute petite, lorsque ses rêves étaient beaux et qu'elle se réveillait, elle essayait de se rendormir pour replonger dans la suite du rêve. Elle y croit encore. Elle veut repartir dans son souvenir.

Je suis toute détendue. Etonnement, je suis encore là et Léo aussi, attentionné. Je me sens réchauffée par cette huile. Ses mains parcourent encore mon corps avec délicatesse. Il marque un virage en m'invitant d'une main sous le bassin à me retourner sur le dos. Pour ne pas avoir froid, il me recouvre d'une autre serviette sur le haut du corps. Il reprend le massage par le dessus des pieds, suit l'extérieur des cuisses. Arrivé aux hanches, il commence délicatement à faire glisser mon slip. Je lui retiens sa main par timidité. Il susurre au creux de mon oreille :

«Ce n'est pas la peine de mettre de l'huile partout sur ce joli slip tout blanc ».

Je lâche sa main. Le slip évaporé, il suit déjà les ailes de mon bassin, puis ma taille et mon ventre. Il redessine la courbe de mes seins, celui de mes épaules et revient par mon sternum vers mon ventre. Puis, il glisse ses mains en suivant les plis de l'aine et descend vers l'intérieur des cuisses. Mes jambes se fléchissent légèrement. Mon sexe s'humidifie et il le frôle lentement.

Il marque une pause et me demande encore s'il est autorisé à aller plus loin dans l'aventure. Sa voix chaude et calme me transporte intérieurement.

Je dis oui d'un regard et d'un mouvement de tête. Il enlève son t-shirt. Je l'aide lentement à se déshabiller découvrant son corps bronzé, musclé et lisse. Il s'allonge à mes côtés. La chaleur de son corps me réchauffe entièrement. On se regarde dans les yeux en se souriant. Voici quelques minutes pour se découvrir autrement, en silence.

Il finit par s'approcher de mon visage et m'embrasse pour la première fois, longuement. On se dévore lentement les lèvres, il y a une volupté absolue dans la douceur d'une bouche. Je frémis de plaisir. Sa langue me parcourt entièrement à présent explorant les différentes manières que j'ai d'éprouver du plaisir. Il est délicat. Je promène mes mains aussi pour le découvrir provoquant des vagues d'ondes magnétiques. Rien que me sentir frémir décuple son plaisir. Je me sens branchée à lui de l'intérieur. Ce qu'il vit sensuellement, je le perçois et vice versa. La télépathie émotionnelle et corporelle en quelque sorte.

La ronde des mouvements qui s'épousent s'enchaine, l'appel d'une direction par ici est suivi d'une réponse dans la volupté par là. On gémit de plaisir. Je me sens si désirée fortement et si désirable que je me laisse possédée entièrement. La chaleur de son membre tendu se fond en moi à présent et m'envahit comme une vague jusqu'à ma tête. Par moment, je me sens à cours de souffle, je stoppe tous mouvements respiratoires et lorsque je laisse de nouveau entrer l'air dans mes poumons, tout mon être reprend vie encore plus profondément. Sa chair dans ma chair me rend vivante. Mon âme était devenue un souvenir lointain enfoui sous les murs de l'éducation nationale. Et ainsi commence une communion intime. Léo a l'art de conduire dans l'amour en écoutant mes moindres désirs profonds que je ne soupçonne pas en moi.

L'incroyable énergie qu'il déploie est une force profonde et subtile. Tout rythme est subtilement relié à mon propre rythme. Je suis finalement hors de moi, car je ne suis plus moi. Cette alchimie est telle que rien ne nous déconnecte, pas même mes pensées qui deviennent muettes. Dans ses bras, j'ai la sensation d'être habitée d'une présence. Je suis présence. L'espace sensuel est infini à l'intérieur de moi, avec Léo et autour de moi. Tout l'univers entier est notre être dans cette petite mort.

Léo et Léa, c'est l'histoire d'une passion charnelle dès le premier contact et toutes les fois suivantes révélant l'harmonie auquel elle aspirait. Cette expérience lui a donné la force de croire dans le bon de la vie. Même s'il y a eu de durs moments traversés dans le reste de sa vie, ce diamant brut de l'amour, inscrit en elle, a continué à l'éclairer intérieurement. Ce souvenir surgissant en rêve est un voyage de 25 ans en arrière. Léa avait 23 ans. Peut-il restaurer les failles en l'autre ?

8

Le jour se lève sur la terre et le monde entier rêve d'amour. Léa se réveille le corps engourdi et la tête dans les nuages. Elle se relève et son premier regard croise le visage endormi de Rachel. Léa se sent légère et joyeuse. Sourire aux lèvres, elle ne serait dire si c'est son propre ravissement ou celui de Rachel. Elle scrute son visage, recule un peu pour mieux voir et trouve l'éclat de sa peau plus lumineux. Elle se rapproche de son visage, lui caresse tendrement le front et dépose ses lèvres légèrement sur les siennes. Rachel ouvre les yeux, les tournent vers elle et réussit à murmurer « merci », puis les referme sur une larme qui s'écoule pour sombrer aussitôt dans le sommeil. Léa se lève et ouvre les rideaux pour faire entrer la lumière naturelle pour inonder ce corps toujours flétri. Comme les graines font suite à la floraison, cet état n'est pas le signe de décrépitude, mais de fertilité, car à ce stade, de nouvelles vies sont à nouveau en germe.

« Avec plaisir. »

On a tous besoin d'amour quoi qu'on en dise, on en rêve secrètement. Rachel s'en est privée pendant tant d'années. Léa se dirige vers la salle d'eau et rajuste ses vêtements, ses cheveux comme on se rhabille après l'amour, habiter du sentiment honteux de s'être dévoilée, si intimement. Une fois devant le miroir, elle se regarde et se redresse comme un suricate, n'ayant pas envie de cautionner la honte comme le seul sentiment à vivre en de pareilles circonstances. L'amour restaure les plaies des âmes. La beauté de l'intime est unique pour chacun.

Le sexe restreint à l'objet de sensorialité fait oublier la puissance du sentiment. Fondamentalement, pour elle, faire l'amour fabrique l'Amour. L'amour donne naissance à la rencontre de deux êtres, puis à l'ouverture à quelque chose de plus grand, plus spirituel. Rachel n'y croyait plus.

Perdue dans ses pensées, Léa regarde encore son visage dans le miroir, de plus en plus de cheveux blancs s'invitent dans sa chevelure brune. Elle retourne vers Rachel, regarde encore son profil dans la lumière du jour naissant. Elle reprend ses affaires posées sur le dos de sa chaise et part.

« Léa ! » murmure une voix faible.

« Oui »

« Je rêve... de flotter dans les eaux ...chaudes d'un océan ... me laisser emporter ... dedans. »

« Je m'en occuperai, en rêve si tu le veux bien. » dit Léa tout émue.

« T'aime. »

« J'imagine. Moi aussi.»

Elle referme ses yeux et sombre comme si elle avait utilisé toutes ses forces.

« A ce soir. »

Dehors, Léa se dirige au fond du parking d'un pas énergique. Elle ralentit son allure intriguée par une femme sans domicile qui se cache derrière un pilier en béton d'EDF, un cabas rempli d'objets à ses pieds. En se rapprochant de sa voiture, elle la contourne de loin et aperçoit qu'elle est en train de boire au goulot d'une bouteille. Le corps caché derrière le pilier, Léa voit le mouvement de la bouteille s'incliner à chaque rasade. Une fois la dernière goutte avalée, la femme dépose sa bouteille au pied du pilier la dissimulant avec précaution dans un creux. Elle reprend son cabas en marchant le dos courbé et par intermittence, regarde en arrière comme si quelqu'un veut encore la prendre sur le fait. Cette femme ramène Léa à la vie réelle à l'état brut. Léa réalise que le bonheur qu'on s'autorise est illusoire et éphémère quand la culpabilité s'invite dans l'expérience. Quelque soit le milieu d'où l'on vient ou la condition qu'on a, le plaisir est gâché par la honte ou la culpabilité.

Son téléphone sonne dans son sac, elle le cherche en vain pendant qu'il résonne, mais son sac à main est tellement grand qu'elle ne trouve pas. Elle laisse tomber. Elle devine que c'est Jeffrey, son mari. Elle lui répond par un sms.

« Je suis en route, mon chéri. Je t'aime. »

« Je t'attends. »

Elle reprend le chemin de la maison. Jeffrey est en train de se préparer pour sa journée de travail. Elle se couchera quelques heures et reprendra le chemin de ses veilles de nuit.

9

En rentrant, Jeffrey l'accueille. Il fait le tour rapide de son allure. Il la décharge de son sac et de sa veste, puis l'enlace tendrement dans ses bras de longues minutes. Lasse, elle s'abandonne et repose sa tête contre lui. Il aime quand elle se laisse aller ainsi sur lui. C'est son plaisir de la sentir tout entière dans entre ses bras, elle le sait. Il reste ainsi quelques minutes. Il la soulève comme une plume. Ça la fait rire comme d'habitude. C'est leur manière d'accorder leur temps avec celui de l'autre, surtout quand ils ont fait des choses complètement séparées juste avant. Il la regarde attentivement, mais ne lui parle pas sachant qu'il lit la fatigue sur son visage. La table du petit déjeuner est installée pour deux. Il a commencé à manger. Il lui sert une tasse de thé, des tartines de pain chaud surgissent dans les airs au dessus du toasteur.

Un verre rempli à demi de jus d'orange pressé lui fait de l'œil. Elle sourit en s'asseyant devant cette table bien garnie, elle l'avale d'une traite. Affamée, elle croque dans une tartine beurrée, mâche avec lenteur en sentant que son visage reprend meilleure couleur. Au sourire de Jeffrey, elle sait qu'il va parler.

« Dure nuit, n'est ce pas ?

« Hum, je n'ai pas vraiment veillé, plutôt dormi. » Elle se frotte le front.

« Enfin, non, j'ai somnolé, presque sombré par intermittence et beaucoup rêvé. C'est étrange.»

« Qu'est-ce qui est étrange ? » dit-il.

« J'ai eu l'impression de partager des choses avec Rachel, dans mes rêves. Crois-tu qu'on communique au travers nos rêves ?

« C'est à toi de me le dire. »

« J'ai fait un voyage dans le temps à vrai dire. »

« Ah bon ? »

« Oui, celui de mes 20 ans, quelque part par là. » lui a-t-elle répondu pensive. « Crois-tu qu'elle va partir ? »

« Partir ? Mourir, tu veux dire. » Rectifie-t-il en homme de lettres.

« Oui, pardon. Oui, mourir. On dit qu'avant la mort d'une personne, celle-ci revoit défiler sa vie. Sauf que là, c'est un moment sensuel de ma propre vie que je revisite en rêve. »

« Comment va-t-elle ? »

« Pareil. Je crois qu'il a du mieux.»

« Elle t'a parlé.»

«Oui. Ce matin, elle m'a dit merci et quelques petites choses. Ce rêve-là est arrivé alors que je me demandais de quoi elle avait besoin. Je ne sais pas trop comment cela s'est produit. Ça me trouble. »

« Toi, gênée ! Permets-moi d'être étonné, mon amour, tu es la femme la plus impudique que je connaisse. »

« Comment ça, impudique ? Je n'étais pas gênée, mais troublée.» Réplique-t-elle tout ragaillardie.

«Ah, ah, ah ! Je te taquine. Parler ou laisser l'intime ne t'a jamais posé de problème, il me semble. » dit-il. Même après des années de mariage, leur relation est très complice, mais leur indépendance assumée est partagée tout autant.

« Bon, d'accord, mais je suis étonnée de vivre cet échange dans un espace au-delà d'une sphère habituelle de communication, alors que toute sa sensorialité est endormie par la sédation. Tu te rends compte, n'est-ce pas incroyable ?»

« Non, comme deux êtres peuvent dialoguer par télépathie ou une mère communiquer avec son bébé qu'elle porte en elle, pourquoi pas en rêvant ? Et puis, as-tu vraiment besoin de savoir comment ou pourquoi ça se produit pour accepter cette expérience ? »

Elle secoue sa tête.

« Regrettes-tu ce partage ? »

Elle secoue encore la tête tout en souriant et elle l'embrasse tendrement.

« Alors, c'est réglé. Prends ce qui est tel que c'est, il n'y a matière à entrer dans le cérébral. » dit-il en se levant et en lui retournant son baiser avec énergie.

« J'y vais, mes consultations commencent dans une trentaine de minutes. Cela fait trois jours que je suis sur une étude, il est temps que je conclus. Je t'aime. Si tu pars avant que je rentre ce soir, faites de beaux rêves. »

Elle rit.

«Merci, je vais attendre ton retour et avoir du temps avec toi avant d'y aller. »

« J'adorerai. Je rentre au plus tard vers 18 heures.»

Il s'éclipse laissant Léa avec une tartine en bouche et l'air encore songeur.

Il repasse sa tête par le chambranle de la porte :

« Et si elle meurt bientôt, qu'est que ça change ? »

« Rien, elle partira avec mes souvenirs plein la tête. »

« Ben, voilà ton cadeau de départ, tout est parfait, non ? »

Sa remarque désinvolte la fait éclater dans un rire joyeux qui dura longtemps. Il avait le don de lui envoyer ces petites lumières jaillissantes. A eux deux, ils cultivaient l'art des petites choses qui changent le quotidien. Elle lui envoie un texto : « te dire merci pour le petit déjeuner et tes encouragements. Je t'aime.»

« Mais de rien, mon cœur … Je t'aime. Moi aussi.»

Après les funérailles, Léa et Jeffrey organisèrent avec les amis intimes de répandre les cendres de Rachel en pleine mer dans la baie de Marseille.

Les rêves comme l'amour restent éternels dans l'univers des petites attentions qu'on cultive pour les autres.

La mort attend parfois

1

Mercredi 13 heures, en décembre.

« Il n'y a plus de temps à perdre, il ne tiendra pas le week-end. ».

Voici l'annonce d'une mort imminente. La fin définitive et inexorable d'une vie humaine. Voici un moment rare dans une vie ordinaire : la mort conjuguée au futur proche d'un être cher.

Le paradoxe moderne est l'ordinaire de la mort à la douzaine via nos écrans : mourir flinguer, hémoglobine en prime accès, cadavre autopsié plein cadre. Tout ceci, on l'ingère sans s'étonner de rien.

Comme des paresseux, nous ingurgitons le goût de la mort sans réfléchir à la manière dont on le vivrait si c'était vrai affalés dans nos canapés.

Qu'est-ce que ça fait quand on sait d'avance que quelqu'un on aime va mourir ? Rien ne serait joué bien sûr, mais comme le début d'un film, on sait déjà que quelqu'un va mourir.

Se lamenter et se laisser submerger par la souffrance ? Ne pas y croire pour feindre et pour déjouer l'inévitable ? Rester paralyser de peur ou l'affronter ?

Dans une première impulsion, Diane eut très envie de le revoir.

Il y a des journées où le temps de chien parvient à vous convaincre que la meilleure chose à faire serait de rester emmitouflé chez soi. Ce mercredi fut le cas. Bravant le temps de cauchemar, Diane roula sous une pluie battante et dut redoubler d'attention pour éviter un accident bête.

En juillet, Henri, son père, à la retraite depuis un an, avait entamé des examens médicaux. En aout dans le sud, quand travailler ne se conjuguait pas avec vacance, l'attente des résultats était interminable.

« On pourrait mourir avant le diagnostic » s'écriait Josy, sa femme un brin désabusée.

A cette période, Diane était en plein bilan sentimental et cette attente du diagnostic était passée en arrière-plan. A presque quarante-cinq ans, elle se retournait le cerveau pour savoir si oui ou non elle restait ou elle partait dans le couple bancal qu'elle formait depuis quelques années.

« Encore ! » lui disait Josy avec exaspération.

Elle avança sur cette route brouillée par la pluie avec l'impression de franchir un tunnel d'eau s'ouvrant devant elle, mètre après mètre. Dans ses lectures sur la mort, les personnes qui ont fait l'expérience de mort imminente décrivent un tunnel avec une lumière au bout. Cette pensée lui traversa l'esprit. Ils témoignent d'une impression de clarté ou de grande paix et de quiétude dans ce passage très éloignés des poncifs tragiques qui entourent l'idée de la mort. Dans le livre tibétain de morts, les bouddhistes se préparent à franchir des étapes.

« On se prépare pour naître pourquoi pas pour mourir », se dit-elle.

Au fond, la démarche de se préparer l'aurait rassurée, à présent, elle se sentit prise de cours.

2

Des trombes d'eau se fracassant et dévalant sur son pare-brise vint la ramener à la réalité du moment. Empêchant une visibilité correcte, elle resta vigilante sur sa conduite. Prisonnière de cette météo et étriquée dans son corps, une impression de déjà-vécu la submergea. Des débats amoureux à ras-bord et un ras le bol de paroles engageantes sans suite l'exaspéraient.

« Trop de blablas pour peu d'initiatives et d'actes. » se disait-elle.

Elle ne supportait plus l'inertie et la morosité ambiante de sa relation de couple. Elle se sentait au bout de sa réserve de patience et de dynamisme pour deux. Elle aimait se triturer le cerveau et avait retourné la situation dans tous les sens pour terminer sur deux questions de fond. Qu'est-ce qui donne corps à une relation qui évolue ? Qu'est ce qui la vide de toute sa substance ? Le défi stimule et fait avancer. La peur du changement paralyse et assoiffe. Le ras le bol de l'attente du changement l'avait atteint jusqu'à la moelle. Plus elle prenait sur elle, plus son corps lui a renvoyé des signaux d'alerte, tensions, nervosité excessive. Elle s'est refermée graduellement comme si elle s'enlisait revenant à l'état de primitif. Elle ne se supportait plus.

En septembre, le diagnostic était tombé : cancer. Il y a donc eu un premier choc dans l'armure, celui de l'annonce. Henri avait eu une vie plutôt saine, du sport et aucun abus alimentaire, peut-être les produits laitiers, s'il fallait chercher la petite bête. Toute la famille était dans l'incompréhension. C'était si soudain. Le cancer. Josy ne voulait pas prononcer ce mot comme si le fait de le dire devenait une sentence de mort. Son mari le prenait bien. En effet, Henri venait de traverser une période glanée de petits maux désagréables qui leur paraissaient apparemment sans importance. Une fois terminés, ils semblaient oubliés. Cet homme faisait partie de ces gens de plainte silencieuse. Même rongé intérieurement par l'inquiétude, aucun n'émoi ne transpirait de lui. Il était une vraie forteresse d'entre-soi, pénétré du silence des cathédrales. Il était habité par une éducation reposant sur l'idée que la force d'un homme réside dans sa résistance mutique. Maintenant, le mal était vrai et identifié. Poser le nom l'avait rassuré et sorti de son apparente quiétude. L'incertitude et le non-savoir l'avaient quitté. Etonnamment renforcé, Henri manifestait et livrait enfin quelque chose.

« Enfin, je sais contre quoi je vais devoir me battre à présent »marmonna-t-il dans sa barbe de quelques jours.

Avec les hommes, Diane ne savait pas non plus établir un diagnostic sur ce qui allait mal. Par conséquent, elle ne savait pas non plus dresser une conduite à tenir. Sa spécialité : se retrouver en décalage de temporalité. A un instant T, elle était prête à vivre à deux, quand l'autre ne l'était pas. Un temps plus tard, c'était l'inverse. Diane était tournée vers un espoir de futur proche. Lui était orienté vers leur passé antérieur transporté par la nostalgie de leurs premières années de lien. Dans leur position de vie, ils étaient deux mouvements et des deux vitesses opposés qui se neutralisaient mutuellement. Alors, sans préméditation ni éclat, en aout, elle mit un point final aux tergiversations.

« Tu aurais pu attendre le bon moment » lui avait dit Stéphane.

« Le bon moment pour rompre ? »

« Oui, je vais être en vacance. »

« Il n'y a pas de bon moment. Le bon moment est maintenant, quand on est prêt. »

« Tu pourrais me ménager ? »

« Que veux-tu dire ? Nous nous ménageons depuis des années et malgré cela, rien n'a changé, rien n'a évolué. On fait du sur place, totalement préoccupé à améliorer notre confort personnel en dépit de nous, si « nous » existe. »

Elle avait géré cette séparation de façon instinctive avec comme seul but d'y mettre un terme résolument et surtout de ne pas revenir en arrière, ce qui dans son cas n'était pas gagné d'avance. Elle avait franchi cette épreuve de la rupture comme un examen de fin d'année, sauf qu'on n'y était pas préparé avec des professeurs. Quelle culture de séparation recevons-nous dans une vie ? Il y avait les déménagements, la fin d'une relation amoureuse, la fin de vie, le départ de la maison de ses parents ou en colonie de vacances, tout cela était séparation. Rien ne nous prépare à la séparation. Pourtant, nous souffrons tous de la séparation, sans exception. Elle voulait que ça se passe bien ou par défaut le mieux possible sans laisser trop de souffrance derrière elle. Se soucier du bien des autres ne laissait aucun répit.

3

Diane jeta un coup d'œil dans le rétroviseur, ses longs cheveux humides formèrent des ondulations. Elle glissa quelques mèches derrière l'oreille pour s'arranger un peu. Un restant de maquillage avait coulé, creusant ses cernes. Heureusement, un restant de rouge sur ses lèvres rehaussa le tableau peu engageant. Elle avait attendu longtemps pour oser le rouge vif, sa coquetterie la fit sourire dans le miroir. La légèreté de son cœur d'enfant était une bonne parade pour ne pas se laisser engloutir par le drame. Elle savait ne pas se prendre au sérieux pour conserver une part de lucidité et pour ne pas donner le change à l'implacable gravité des autres. Son père était hospitalisé depuis dix jours en clinique. Elle invoquait les fées du positif pour des jours meilleurs. C'était sa manière de toujours voir du bon partout. Au cours des semaines précédentes, Henri s'était transformé vite dans son combat contre la maladie. « C'est dur, mais il faut avoir le moral et se battre. » disait-il après la première chimio. Elle était épatée d'entendre la voix de son père sonnant claire et positive. Dans ses propos, elle retrouvait les encouragements de son entraineur de hand-ball, qui marchait de longs en large dans le vestiaire avant les matchs. Convaincue par cette agressivité qu'elle ne lui connaissait pas, elle était rassurée.

En le découvrant semaines après semaines, Diane dut se rendre à l'évidence. Sa bataille contre le crabe était un combat inégal. Sa puissance invisible le consommait. Son père avait maigri considérablement, ses joues se creusaient, il flottait dans ses vêtements. Son teint était devenu gris. Puis un jour, il a viré au jaune coing. Josy lui faisait des comptes rendus réguliers. Elle n'en pouvait plus d'inquiétude. Elle faisait un effort considérable pour rester présente pour lui et pour garder la face. Elle essayait toujours de trouver une attitude positive et les mots encourageants pour ne pas ajouter une charge à la maladie. La lueur des yeux de son mari perdait leur éclat. A sa façon, il gardait des choses pour lui comme Josy qui se refusait de lui exprimer ouvertement ses peurs. Elle voulait sauvegarder les apparences.

Diane a senti que, moralement, il perdait la volonté de se battre quand il a commencé à refuser tous les remèdes de grands-mères qu'on lui concoctait. Elle s'était déconnectée de ses préoccupations personnelles, remisées en arrière-fond. Elle avait gardé le sourire et le moral jusqu'à ce moment où il a fallu l'hospitaliser. Personne n'était dupe. Chez son père, tout son être reflétait une sorte de lassitude. Il marchait lentement, de plus en plus vouté. Il ne pouvait plus rester avec les autres que quelques minutes seulement. Sa maladie lui avait permis de retrouver des amis, de la famille perdue de vue, il avait aimé ça, retrouver leur affection. Mais le contact avec les gens le fatiguait à présent. Sans crier gare, Henri s'éclipsait lentement du salon. Dans son lit, il s'endormait pendant de longues heures. Il s'absentait, réfugié du sommeil en résistance passive. Devant lui, Josy continuait à manifester de l'espoir. Mais devant sa fille, elle s'avouait désespérée du retentissement de cette maladie, surtout quand il refusait de manger.

« Peux-tu envisager qu'il en meure ? En avez-vous parlé de la mort ? Parce qu'on ne peut plus se comporter comme si l'étape suivante n'est que…espoir de guérison.» lui dit Diane prudemment. Josy restait sans voix.

«Mais comment ça… Je vais y réfléchir. » lui répondit-elle en ravalant sa salive.

Parfois, les silences deviennent nécessaires pour accepter les choses. Mais parfois, à l'inverse, les silences sont si lourds d'inquiétude qu'il devient nécessaire d'en crever l'abcès. Diane n'ajoutait rien d'autre.

Quand le couple s'est retrouvé seul, l'épouse osa lui parler de la mort et de sa peur de se retrouver seule et il osa lâcher ce qui l'accablait. Henri dit simplement « J'en ai marre ». Après ces mots simples, il fut hospitalisé.

4

Diane roula prudemment, la route ressemblant à un miroir brillant. Un vent latéral secoua la carrosserie violemment. Ses doigts crispés sur le volant, elle s'agrippa de peur que le contrôle de la voiture ne lui échappe. Elle tenta une respiration abdominale pour ne pas se retrouver en état d'asphyxie. A présent, rien n'était plus pareil pour son père. Deux mois après la chimio, ils étaient au point mort. Ils ne pouvaient plus avancer, ni reculer.

Dans sa vie personnelle, elle avait coupé tous les ponts avec Stéphane depuis le mois d'aout dernier. Elle avait réussi à passer deux mois sans le voir, sans lui parler, ni lui écrire. Elle avait battu un record personnel. Elle était une experte de la non-séparation et des « non, mais oui ». Par le passé, quand elle disait « c'est fini », il s'en suivait des coups de fils interminables, des nouvelles explications par mails et elle était cueillie à nouveau comme un fil invisible qui ne se coupe jamais. Quand elle disait « cette fois-ci, c'est la bonne, j'arrête », Josy lui répondait l'air de rien « on dirait une cure de désintoxication.»

A présent, sa décision était prise. Diane voulait passer à autre chose, ne plus revenir en arrière et coupé court avec l'espoir, celui que le beau lien du passé ferait encore rêver d'un présent qui n'en finissait pas d'être coupé du futur. Elle s'était toujours arrangée pour satisfaire un équilibre basé sur cette nostalgie du passé. Finalement, par analogie avec sa mère, elle en était au même point, coincée dans ce présent sans futur. Pourtant, après une série de messages insistants de Stéphane qu'elle a laissé sans réponse, elle avait craqué pour en finir une fois pour toute et répondu à une invitation à diner. « C'est pour lui redire que c'est vraiment fini. » confia-t-elle à sa mère. « Le seul fait que tu lui répondes est la preuve que ça continue. Tu alimentes sa dépendance et son espérance d'une relation qui peut reprendre. » répondit Josy, en habituée. Diane argumenta encore. Elle voulait reprendre ses clés de maison, s'assurer qu'il avait tout compris sur sa détermination personnelle. Il avait préparé un diner aux chandelles déclarant qu'il n'avait pas battu en retraite et qu'il se battrait jusqu'au bout pour la garder. Elle n'en croyait pas ses oreilles. Elle s'est vite échappée ne comprenant pas le véritable motif de sa surprise.

Cependant, la maladie d'Henri les prit de vitesse, les systèmes s'altérèrent en accéléré les uns après les autres, le foie, les reins. Après, quelle serait la suite, le cœur qui s'arrête ? Mère et fille pensaient qu'il avait du temps, mais il n'en avait plus. Les médecins avaient été clairs. Ils avaient formulé qu'il fallait abandonner la chimio, inutile à ce stade, car cela s'apparentait, disait-il prudemment, « à de l'acharnement thérapeutique ». Ces deux mots avaient fait tilt dans les oreilles de Diane. Elle aussi, était une spécialiste de l'acharnement affectif. Elle s'accrocha toujours les mains au volant, le regard rivé sur la route glissante. Elle cherchait toujours à s'accrocher à ce qu'on croit encore possible, toujours à y voir ses fées du positif, toujours à vouloir trouver du moindre mal pour l'autre. La tension fut à son comble et s'accumula dans ses bras. La clinique ne fut plus très loin.

5

Lorsqu'elle arriva près de son père, Henri releva la tête. C'était désormais le seul effort mécanique que l'énergie restante lui permettait. Elle aurait voulu qu'il lui sorte une blague ou qu'il la taquine à son habitude. Mais c'était au-delà de ses forces. Josy avait les traits tirés de plusieurs jours de veille et de nuit à pleurer, était assise à sa droite penchée vers lui. Jacques, son oncle, était de l'autre côté, le visage attristé. Elle se pencha pour l'embrasser en glissant ma main avec douceur sous sa nuque. « Ça va, aujourd'hui ? » Il lui répondit par une moue. Elle se sentit bête de lui poser une telle question. Jacques, ainé d'un an, ne le quittait pas d'une semelle depuis le début de l'épreuve. D'un mouvement de tête, il invita Diane à partager une petite banquette. Elle fonça s'assoir près de lui. A ses côtés, elle se revoyait sur le bateau qui les emmenait à Porquerolles avec tous ses cousins. Il était le tonton foufou qui baladait les enfants partout. Elle se colla contre lui affectueusement en lui caressant le bras. Elle posa ensuite sa main sur celle de son père. A son contact, elle ne sentit pas de réaction, même furtive. La main d'Henri était gelée comme le froid de dehors. Elle marqua parfois quelques soubresauts involontaires. Aucune autre parole ne put sortir de sa bouche. Elle l'entendit respirer fort. Contre toute attente, un calme inouï l'envahit, elle se détendit complètement. Il y avait dans ces silences intérieurs de l'apaisement qu'on retrouve dans les lieux sacrés. Elle repensa au tunnel éclairé. Rien n'eut d'importance que d'être complètement là pour lui. Tous les regards furent dirigés vers lui, celui de son père fixant le plafond. Sa mâchoire inférieure tombait, sa bouche restait ouverte chaque fois qu'il fixait ce plafond.

«Je me demande à quoi il pense quand il a les yeux comme ça ? Ça fait deux jours qu'il est ainsi. »

Après un long moment d'observation, Diane répondit à son oncle :

« je crois qu'il ne peut plus penser. Il ne lui reste plus assez d'énergie pour ça. Tu crois qu'il revoit défiler toute sa vie ?»

« C'est ce qu'on dit. »

Sa mère tamponna tendrement un mouchoir au coin de son œil qui pleurait. Ses yeux clignaient moins aussi.

« Tu as besoin de quelque chose, mon chéri ? » lui dit-elle en l'embrassant.

Il referma sa bouche, déglutit une fois, orienta ses yeux vers elle et lui murmura un non.

« Ça va aller, il faut garder espoir. Je t'aime, mon chéri» rajouta-t-elle.

Henri cligna des yeux et il reprit sa position, les yeux rivés vers le plafond. Le tableau de Josy déclarant son amour lui serra la poitrine, elle ne se souvenait pas les avoir déjà vus ainsi. Josy sentait le sablier du temps restant était presque vide, elle voulait qu'il entende ce qu'elle éprouvait pour lui.

Elle sentit que son père repartit vite, blotti au fin fond de quelques recoins de son corps froid, comme un escargot repliant son corps mou dans sa coquille quand il dort ou qu'il a peur. Le corps entier de son père restait raide, presque inerte comme une coquille vide à présent, seul son être subtil pouvait se replier à présent. Le seul signe vital évident tenait au son de sa respiration saccadée. Son âme n'habitait plus tout à fait son corps. Elle planait dans le lointain occupant l'espace de la chambre et elle n'investissait plus que quelques cellules de sa chair. Si Diane voulait lui faire sentir sa présence bien vivace, elle devait aller le chercher loin en profondeur. On lui avait dit que la plongée sous-marine conduisait à cet état de profonde détente, libéré du poids du corps, le plongeur forme un tout avec l'immensité marine. L'âme d'Henri y était.

« Regarde, on dirait que les seuls mouvements subtiles qui subsistent sont les allers retours de sa conscience quand on lui parle et le souffle ténu de l'air qu'on entend siffler.» dit-elle à son oncle.

Elle fit cette observation, mais elle n'osa pas lui parler pour l'attirer et le ramener à elle.

« Souffre-t-il de ces passages ?» se demanda-t-elle.

Elle préféra le laisser flotter dans l'immensité de la pièce. Sa tête se vida des milles et une pensées qui fourmillaient habituellement. Ils restèrent quelques heures près de lui, à veiller. Les infirmières entrèrent dans la chambre leur proposèrent à boire. Ils acceptèrent tous. Ça leur permit de quitter la pièce et de se dégourdir les jambes dans le couloir. Pendant ce temps, les infirmières en profitèrent pour lui faire des soins. Puis, ils reprirent leurs places. Elle restait là avec lui, mais elle n'osait toujours pas lui dire un mot, même si elle voyait bien que si elle avait des choses à lui dire, c'était maintenant. Diane chercha quoi lui dire. Elle avait envie de rester dans la vérité, mais laquelle ?

6

D'autres membres de la famille passèrent. Ils eurent les mêmes mots que sa mère.

« Ça va aller, courage ».

Elle assista à ce lent défilé bienveillant en réalisant que dans ces circonstances les gens manquaient tout autant d'esprit qu'elle. Combien de temps pourrons-nous supporter de regarder un mourant ? Qu'aurions-nous envie de vivre si c'était nous, dans cet état d'inertie ? L'infirmière repassa, lui proposa quelque chose pour calmer la douleur. Jusque-là, Henri n'avait pris aucun calmant. Avec étonnement, il accepta. Elle installa une seringue électrique, puis une télécommande dans sa main. Elle lui expliqua comment activer la pompe à morphine, s'il en avait besoin. Il gardait vraiment tout à l'intérieur de lui, même sa douleur qu'il n'exprima jamais. Devant l'expression vide d'Henri, Diane avait fini par penser que son corps ne lui faisait plus mal. Elle se trompait. Avec constance, il n'avait rien laissé filtrer en dehors. Elle entendit la pluie encore battre à la fenêtre. Elle devait rentrer chez elle, mais rouler sous la pluie de nuit l'indisposait. Puis, le fracas de l'eau finit par cesser brusquement sonnant le moment pour elle de reprendre sa route.

La nuit sombre des ciels sans lune était tombée rapidement. Les visiteurs avaient quitté la pièce pour le couloir. Elle embrassa d'abord sa mère, puis son oncle qui la serra dans ses bras longuement. Dans sa chaude étreinte, elle sentit leurs cœurs battre.

« Tenez le coup » leur dit-elle à tous les deux.

Elle avait très envie de retrouver ses enfants.

« Si vous avez des choses à lui dire, c'est maintenant. Une fois la morphine activée, sa conscience s'éloignera davantage » leur dit-elle.

Elle s'écouta parler et manqua de courage pour le faire elle-même. Elle se retourna vers son père. Il souleva sa tête vigoureusement avec toute sa conscience. Henri comprit qu'elle repartait. Elle l'embrassa en maintenant sa tête entre ses deux mains. En le regardant droit dans les yeux, elle lui caressa délicatement ses cheveux soyeux.

« Au revoir » lui murmura-t-telle.

Elle se redressa en retenant ses larmes. Elle eut le cœur déchiré, elle ne le reverra jamais vivant. Elle le sentit.

« Courage pour la suite. Tu restes avec lui ce soir, c'est ça ? »Dit-elle à Jacques.

 « Oui, papa préfère que ce soit moi plutôt que ta mère. »

7

Elle était sur le départ quand son père la chercha encore du regard. Elle eut l'impression qu'il voulut dire quelque chose. Une dernière chance se présenta à elle pour lui dire enfin quelque chose de génial. Elle revint sur ses pas, se pencha à ses côtés et attendit ses mots. Mais il ne lui dit rien, alors elle l'embrassa une fois encore. A cet instant, elle sut ce qu'elle voulut lui dire, mais elle se tut, envahie de tristesse, rien ne put sortir de sa bouche sinon « Adieu » étranglé dans sa gorge. Elle le pensa donc très fort. Il lui fit un signe de tête comme s'il acquiesça. Dans son for intérieur, elle sentit l'adieu. Elle reprit sa route dans le silence de la nuit sans pluie, inondée cette fois par des vagues de larmes qui roulaient doucement sur ses joues, rongée par les regrets de son silence persistant. Ses yeux s'embrouillèrent par instant, même si elle se ressaisit pour rester concentrée sur sa conduite, sa propre pluie tombait.

Jeudi, tôt le matin.

Par texto, elle reçut « il est parti ce matin… Tonton »

Il était mort. Peut-être avait-t-il réussi à lire dans ses pensées. Elle pleura une journée entière dans l'incapacité d'assumer ses obligations professionnelle envahie par des torrents de tristesse. Puis, elle pleura un peu moins chaque jour jusqu'à l'enterrement où le mot fin résonna fort en elle.

Elle reçut un autre tilt. Une évidence lui sauta aux yeux. A la clinique, elle s'était assise en face de la mort. L'âme d'Henri se promenait dans les airs. La mort ne choisit pas qui part ou qui reste, même si elle avait envahi chaque cellule du corps d'Henri. Dans ces instants de vie qui lui restait, l'âme n'avait plus rien à vivre de plus. Elle ne pouvait plus rien mettre en mouvement à l'intérieur du corps. Avec Diane, la mort veillait son prochain passager. Elles attendaient que l'âme se décide à franchir une rive pour une autre.

« Monterai ou ne monterai pas dans le prochain véhicule », telle lui semblait la question d'âme de celui qui se meure.

Si l'âme décide, qu'est-ce qui retient l'âme ici-bas ? La souffrance de ceux qu'on laisse, la peur de renoncer à la vie restante ne tenant qu'à un fil… Si le corps humain reste vivant dans la maladie, l'âme peut être un combattant plutôt tenace s'accrochant à la vie qui veut vivre. Le temps où cette alliance du corps et de l'âme conduit le mouvement de la vie est celui de la naissance d'une personne. Le temps du passage à l'âme décidant de séparer de son hôte définitivement dans la mort donne vie à une autre vie, ici ou ailleurs.

Diane eut la conviction que dans l'être, ce moment se choisit intimement par la personne elle-même suivant la conscience qu'elle a de cette capacité. La conscience nous rend profondément humain. Elle reçut cette intuition comme une bonne claque lui donnant un coup de fouet, un peu comme la fessée prodiguée au nouveau-né à sa naissance. Elle pleura et célébra la vie qui, à ce détour tragique, reprit les commandes de sa propre vie. Il était temps qu'elle passe à autre chose elle aussi pour se donner la vie. Il était temps qu'elle assume de laisser derrière elle cette relation sans vie qui n'en finissait pas de ne pas finir.

« Temps de renoncer et de passer à autre chose » se dit-elle intérieurement.

Ce qu'elle fit dans toute son entièreté.

« Il est temps, papa. Il n'y a plus rien à vivre ici désormais. Tu peux passer à autre chose. C'est le bon moment. » aurait-elle voulu lui souffler.

Chez nous, on ne part jamais seul

1

« Chez nous, on ne part jamais seuls ». dit ma mère.

« Chez nous, dans ma famille, je veux dire. De génération en génération, c'est comme ça, personne n'est parti seul. » précise-t-elle.

Chez nous, c'est à Madagascar.

Chez nous, c'est dans la famille Raja, du côté de ma mère.

Madagascar ou la grande île est porteuse d'une tradition ancestrale basée sur le culte des ancêtres et sur un rituel autour de la mort, appelée « famadihana » ou retournement des morts.

Un matin, ma mère m'appelle.

« Cette nuit, j'ai fait un rêve. Dans mon rêve, ton grand-père me disait « j'ai froid ».

« Qu'est-ce que ça veut dire ? »

« Il va falloir préparer un Famadihana, lui changer son linceul, son habit. Je dois appeler mon frère Etienne, nous devons appeler à Madagascar pour savoir en quelle date ce sera possible. »

« Comment ça quelle date ? »

« Et bien, ici, la fête des morts est en novembre. Le famadihana ne se fait pas quand on veut. Nous devons faire appel à un médium qui va interroger les esprits et faire des calculs astraux pour définir une date. Puis, le tombeau sera ouvert entre des heures précises, c'est ainsi depuis la nuit des temps dans notre famille. »

2

Nous voici, en aout 2006. Aéroport Charles de Gaule.

Nous nous apprêtons à prendre l'avion pour Madagascar. Ma cousine, son mari, sa petite fille d'un an et demi, mes deux fils 7 et 9 ans et moi transitons au pas de course pour le deuxième embarquement. Devant la porte, une hôtesse nous arrête net.

« Désolée, vous ne pouvez plus monter à bord. La porte est fermée, l'avion va partir. »

Il est 7h du matin et notre périple commencera ainsi.

Contrariés, nous réussissons à renégocier nos billets et un départ 9 heures plus tard par l'île Maurice, où nous faisons une escale de 4 heures et enfin un vol direct pour Antananarivo. Après beaucoup de patience, d'humour et de jeu, les enfants comme nous atterrissons avec presque 24heures de retard sur le sol malgache.

A l'arrivée, notre cher Max, unique médecin malgache habilité à la surveillance des équipages d'air Madagascar, nous accueille avec son petit sourire et ses fossettes. Ayant étudié la médecine à Marseille pendant vingt ans, bardé de spécialités médicales, il est revenu comme promis sur sa terre natale afin de mettre son savoir au service de son peuple. Le passage de la police, puis la récupération des bagages réserve une nouvelle surprise. Ma valise, pour un mois de vacances, n'est pas à l'arrivée. Je fais une halte par le bureau des valisées perdues. Après les formalités administratives et l'étonnement général devant cette femme malgache ressemblant trait pour trait à une malgache, mais ne sachant pas parler la langue maternelle, je réussis à m'extraire de ce bureau. Un débat délicieux s'est engagé autour « de comment mes parents s'y étaient pris pour ne pas nous apprendre la langue maternelle à leur enfant» tout en prenant la forme d'une drague polie, car un malgache qui se respecte ne résiste pas à faire savoir à une belle femme qu'elle lui plait.

Après les formulaires signés et une marche à suivre pour récupérer la valise, si celle-ci est retrouvée, nous voici sur le parking devant la mythique Renault 12 millésime 72 bleue ciel, réputée aussi increvable que la 4L. Malgré son statut, le docteur Max n'est pas homme à se laisser emballer par les voitures électroniques, il a donc résisté aux sirènes des Mercédès ou des voitures japonaises. Sa R12 nous conduit patiemment sur les routes défoncées de la capitale. Nous assistons à un concert de cliquetis, de grincements et de procédures à respecter pour ne pas la faire mourir prématurément, mais l'antique Renault nous amène à bon port sans encombre dans l'hilarité générale.

Après ces heures de vol, de sommeil entrecoupé sur des fauteuils d'aéroport, de patience écoulée dans toutes les circonstances, nous ne rêvons que d'une chose se coucher pour récupérer. Notre départ pour Antsirabe est prévu dans deux jours.

3

Deux jours plus tard, nous voici dans un minibus affrété pour notre voyage à Antsirabe, au Sud d'Antananarivo, la capitale. Nous avons 160 kilomètres à parcourir, dans le temps des montres, il faudra plus de 4 heures pour y parvenir. Les barrages de police pour des contrôles, le dépassement des camions ou celui des charrues sur des routes étroites nous font redécouvrir la lenteur africaine. La découverte des rizières et des volcans éteints, c'est l'Asie en Afrique qui se déroule sous nos pieds, nous fait abandonner tout esprit critique. Rien de mieux qu'un voyage à vitesse réduite pour entrer en immersion. Nous ne réalisons pas encore tout à fait que le réglage de notre sablier du temps s'était déjà mis en marche depuis notre départ. Chaque étape nous révèle que nous avons besoin de ralentir un peu plus chaque jour. Nous sommes des gens pressés.

Nous pensons vite et à plusieurs choses en même temps. Nous nous déplaçons vite et voulons faire plusieurs choses à la fois. Nous parlons vite, trop vite. Madagascar est le pays du « mora mora » voulant dire « doucement, doucement ». Nous allons réapprendre la notion du temps.

Nous sommes 10 au départ pour le famadihana, débarrassée de ma valise, nous remplissons néanmoins à ras bord le coffre du minibus. Nous arrivons en fin d'après-midi, toute notre famille est déjà là. La nuit tombe vite dans cet hiver austral. Il fait 5°C dans les hauts plateaux. Après les trente degrés de Marseille, le choc climatique est intégral. Plus de vingt personnes de la famille sont venues de France pour l'occasion, une cinquantaine de la grande famille venue des quatre coins de l'île. Une grande tente a été plantée. Les deux cercueils en bois sont sous la tente à coté de longues tables et bancs qui serviront pour le repas. Les personnes les plus âgées sont installées à l'entrée de la tente, assisses toutes ensembles, chacune enveloppée d'un grand lamba blanc, une sorte de grande étole. Je reconnais tatie Alice, l'ainée des sœurs de ma mère. Cette installation, ressemblant à une tribune d'honneur, suit la tradition. Dans la société malgache, la vieillesse est la marque de l'appartenance au monde de la sagesse et leur présence rassure les jeunes générations. Le respect accordé aux anciens est inouï. Ce sont les premières personnes qu'on vient saluer, de préférence en étant introduit par un membre de la communauté qui fait le médiateur des présentations. A Madagascar, le médiateur fait partie intégrante de l'organisation sociale des familles. Le médiateur a l'art du verbe et son rôle est de mettre en lien les gens entre eux pour se parler. Dire directement les choses à l'autre n'est pas dans les coutumes malgaches. Les « hira gasy » ou chants, les rêves, le kabary ou discours, le médiateur sont l'expression de ces manières de transmettre indirectement des choses à l'autre et de préférence à tous.

Les femmes jeunes s'occupent du service repas et de la vaisselle. Les hommes alimentent le feu qui brulera toute la nuit, s'occupent aussi de la musique et du chant, guitares à la main. Je reconnais Seth et Mamy qui animaient les soirées en musique de mes quinze ans.

« Je vais te chanter une chanson de Francis Gabriel » me disait-il à l'époque.

Ils entamaient avec cœur « Je l'aime à mourir ».

« Ah, c'est génial ! Francis Cabrel ! Comment connaissez-vous ? »

« Par la radio de France internationale.»

Comme nous arrivons les derniers, nous sommes un peu les invités de marque.

Tous les membres de la famille se découvrent les uns les autres. Je retrouve mes parents présents sur l'île depuis deux mois pour préparer la cérémonie avec tous les autres membres de la famille proche. Ma mère est très fière, me fait faire le tour de tous les cousins, cousines et oncles ou grands-tantes. Je ressens aussi combien son propre statut, très respecté et apprécié au sein de groupe, influence le regard des membres de la famille. La maison grouille de partout de têtes qui veulent nous voir. Je n'ai pas vu les cousins et neveux de ma mère, mes propres cousins depuis 30 ans déjà. A notre manière, nous sommes des curiosités. Je n'ai pas de mari et voyagent avec deux fils. En présentant mes enfants, je découvre que l'admiration et l'étonnement sont de règle à cause de leur peau blanche, leurs cheveux châtains clairs, leurs yeux bleus.

Mes garçons me diront, entre nous avec beaucoup de sincérité :

« Maman, aujourd'hui, c'est nous qui ne ressemblons pas aux autres. Ça n'est plus toi qui es différente. »

« Ah, ah, ah ! C'est vrai, mais je ne me sens pas physiquement différente à Marseille. »

4

Nous étions tous là pour notre grand-père Eudes-jean et son fils Jules, morts tous les deux, il y a plusieurs années déjà, attendant ce transfert depuis un dépositoire d'un cimetière. Avec la famille de Diégo-Suarez, ils ont fait le voyage sur toit du taxi-brousse. Le lendemain aurait lieu la cérémonie dès le matin.

Un médium a déterminé l'heure d'ouverture et de fermeture du caveau, suivant les horaires de coucher et de lever de lune. Nous déjeunons copieusement dans une cantine et prenons la route en direction du village d'enfance de notre grand-père. Nous formons un convoi parcourant une longue route en terre rouge.

Cette cérémonie de retournement représente symboliquement un acte de réconciliation entre les vivants. Max m'explique qu'en tant que scientifique, il ne croit pas et ne suit pas cette pratique. D'ailleurs, ce rite est animiste et considère qu'après la mort, les âmes des morts subsistent et demeurent vivantes, ceci en parallèle des religions chrétiennes que pratiquent la plus part des malgaches. Toutes les familles malgaches ne suivent pas ce rite du retournement des morts. Max respecte néanmoins ceux qui y croient.

Ce matin, un incident est venu perturber sa bonne marche. Les gens du village voisin du tombeau n'ont pas été prévenus de la tenue de cette cérémonie. Le messager chargé d'informer les habitants du village n'a pas rempli sa mission pour un différend personnel qu'il avait vis-à-vis de quelqu'un. Cependant, la cérémonie ne peut avoir lieu sans la présence des habitants du village et aussi, ne pas avoir livré l'invitation peut être considéré comme un affront. Pour éviter l'incident diplomatique, tôt le matin, Tatie Alice, l'ainée des sœurs, s'est donc rendue sur place afin de présenter des excuses et d'inviter en personne les villageois à cette cérémonie, les uns après les autres. Le désaccord a été balayé et l'affront évité.

Le tombeau a été fraîchement repeint en blanc. Le tombeau est voisin d'un autre à quelques mètres. Tous deux surplombent le sommet d'une colline, distant du village de quelques kilomètres qu'on aperçoit au loin. La coutume dit qu'un malgache préfèrera mettre son argent pour un tombeau construit en dur, plutôt que sa maison qu'il bâtira en tôle. Sa vie après sa mort compte plus que celle de son vivant. Du tombeau, il y a une vue panoramique à 360 degrés. C'est mon grand-père qui a choisi son emplacement, il y a de longues années et qui l'a bâti de ses propres mains. Sa femme et d'autres membres de sa famille y reposent déjà. Un horizon composé d'une succession de vieux volcans éteints et de petits noyaux villageois s'étend à perte de vue. Les couleurs terres d'ocres donnent une chaleur étonnante. Ce jour-là, le temps est clair et le froid de la nuit a fait place à une température clémente.

Toute notre famille est identifiée grâce à un lamba, une étoffe aux petits motifs couleurs éclatantes, oranger et pourpre, analogue au tartan écossais. Chacun porte son lamba autour de la taille ou sur les épaules comme une étole. Un ensemble de musiciens est invité. Les musiciens portent des vêtements colorés et chapeau de paille. Le groupe se compose de percussions, de flûtistes, de cuivres. Ils joueront non stop jusqu'au bout de la cérémonie.

5

Debout sur le tombeau, on commence par le kabary, le discours. Le représentant du village, bardé de ses médailles agrafées sur un costume militaire et son chapeau de paille sous le bras, s'adresse à toute l'assemblée. Une présentation solennelle et des remerciements, une prière sont de rigueur pour commencer. Le kabary fait partie de la tradition orale que les malgaches entretiennent entre eux. Il est l'incontournable des demandes en mariage, des mariages, des baptêmes, des inaugurations, des fêtes, et des enterrements. Il augure d'informer la communauté de ce qui s'y passe, mais aussi d'actions de gratitude rappelant que rien n'arrive seul, que l'aide provienne d'un vivant ou d'un mort.

Les deux cercueils déposés devant le tombeau sur les nattes sont ouverts avec un pied de biche. La sciure de bois recouvre chaque dépouille. Une odeur de formol se dégage de plus en plus fort au fur et à mesure qu'on retire la sciure. Malgré le plein air, l'odeur est tenace et manque de nous soulever l'estomac.

« Nous ne devons pas marquer le dégoût, me dit ma mère. Il ne faut pas défier les morts en nous comportant grossièrement. »

La musique bat son plein, les musiciens enchainent les morceaux sans fin. Dans une répétition entêtante, la rythmique nous transporte dans une sorte d'état de transe. Nous sommes tous dans un calme absolu. Nous échangeons des regards, des sourires, peu de mots pendant la cérémonie. Nous nous serrons dans les bras souvent, contents de partager ça avec son voisin qu'on n'identifie pas toujours, mais avec qui la communion est forte. Les corps sont dégagés de leur cercueil respectif, un grand, celui de grand-père et un petit, celui de tonton Jules. Enveloppés dans les linceuls jaunis, l'état des deux corps est différent. Un est complètement desséché, il y a uniquement les os de tonton et l'autre encore enveloppé des chairs imbibées de formol autour du squelette est celui de grand-père. Les hommes aux mains gantés ont d'ailleurs du mal à l'extraire à cause de son poids, lourd. A l'extrémité du cadavre recouvert, du côté de la tête, les cheveux blanchis ont continué à pousser et à dépasser du linge.

Les corps sont enveloppés et refermés dans de nouveaux lambas propres. En défilé, chaque membre de la famille se recueille devant les dépouilles, délivre une caresse ou un message, une bénédiction ou une prière, ou encore des nouvelles des vivants.

Puis, des chants et danse se succèdent autour des deux corps. Ce sont les femmes s'accompagnant de tapes des mains qui lancent cette procession.

Les corps sont ensuite enveloppés dans des nattes végétales tressées.

Vient le moment où l'entrée du tombeau est totalement descellée, les deux pierres tombales et la terre sont retirées. Les dalles sont ouvertes sur les côtés laissant la place du passage d'un homme. Il faut attendre quelques minutes pour laisser s'échapper l'air riche en dioxyde de carbone avant d'entrer. Ce sont les anciens qui recommandent aux plus jeunes hommes d'attendre. Les membres de la famille sont invités à pénétrer dans le tombeau. On entre par de petites marches, l'intérieur est éclairé de bougies. De chaque côté, les restes de grand-mère, un enfant de Jules et d'autres membres anciens de la famille, tous enveloppés dans un linceul. Quelqu'un nettoie, remet de l'ordre expliquant aux morts ce qu'il entreprend. Des offrandes sont apportées. De l'alcool, du miel, des cigarettes et autres présents, des cadeaux que les défunts aimaient de leur vivant. Dans le tombeau, personne ne doit pleurer, même si l'émotion est présente. Par respect, nous devons être dans l'esprit de la fête et non dans la tristesse, alors que nous venons dans leur dernière demeure pour leur rendre visite.

6

Cet instant est un honneur absolu. Des bénédictions, des prières de gratitudes sont répétées à l'intérieur. L'émotion est palpable, une paix incommensurable m'envahit comme si le passage avec l'autre monde est entrouvert pour que l'échange soit plus direct. On peut lire directement dans le cœur des hommes, c'est ainsi que je le sens. Les ancêtres veillent sur les vivants, mais ne peuvent empêcher les vivants de vivre leurs propres vies, de commettre leurs erreurs et de créer leurs bonheurs. Ils accompagnent seulement, préviennent de certains dangers dans les rêves ou encore appellent pour qu'on se réunisse autour d'eux, lorsque le climat entre les vivants est à la discorde. C'est un véritable rite de réconciliation entre les vivants, mais aussi entre le monde des vivants et des morts, voulant dire « ne vous inquiétez pas de ce qui se passera après, nous restons là, même quand le corps n'est plus de chair et d'os. Notre âme nous survit. » Ainsi, cela peut réconcilier les êtres vivants avec la vie terrestre elle-même qui peut être si dures et remplies d'épreuves. C'est ainsi que je comprends le « on ne part jamais seul ». Tout autant qu'on ne meure pas seul, on ne vit pas seul non plus, même si nous souffrons de solitude. Nos ancêtres sont là avec nous dans leur présence soutenante, transmettant combien nous somme reliés à tout ce qui existe dans l'univers et au travers les époques.

Dans le souvenir des ancêtres, la cérémonie est organisée avec la même portée qu'un mariage. Ce rite de réconciliation permet aux vivants de se rassembler dans l'effort, balayant leur querelle, et ce moment de l'ouverture du tombeau les égos s'éclipsent, les mentons rentrent et les têtes plient en avant devant la puissance du sacré. Humble devant l'éternel, je suis touchée par l'ouverture et la paix que cela m'offre intérieurement.

Puis, dans la ferveur retrouvée, les corps entourés des nattes sont portés sur les épaules et dans une procession joyeuse, ils sont transportés autour du tombeau. Le rituel consiste à les faire tourner autour 7 fois à la queue leu leu, dans le sens des aiguilles d'une montre. La bonne humeur que génère cette balade est immense sous les chants des femmes et des hommes. Tous les enfants essaient de suivre en courant pris dans la liesse générale. Cet élan général est le dernier mouvement de ces corps sans vie avant leur prochain repos au fond de ce tombeau.

Puis, les corps sont entrés et reposés, le corps de grand-père prés de sa femme, celui de Jules près de son enfant. Les dernières offrandes et prières sont faites, les pierres sont de nouveau scellées de terre. Cette manœuvre est suivie avec intensité, cette porte vers l'au delà et le monde des ancêtres est refermée de nouveau jusqu'à un prochain appel avant bien des années.

Les gens du village sont invités à boire du rhum et des sodas en guise remerciement.

Quelques nourritures sont distribuées pour éviter l'hypoglycémie.

Nous venons de passer 4 heures consécutives debout sans boire, ni manger entre musique et chant et personne n'a trouvé le temps long, pas même les enfants absorbés eux aussi par la cérémonie entière. Nous avons passé 4 heures consécutives sensibles à la profondeur des sentiments et avec un mental en mode silencieux.

Le retour vers la maison se fait dans le calme et le recueillement.

Deux jours pour rassembler nos affaires, tout le monde va se retrouver pour le départ vers Diégo-Suarez. Nous devons parcourir cette fois 1200 kilomètres en direction du cap nord.

7

Les deux taxi-brousses rouges sont à l'heure pour le chargement. Ils sont remplis à bloc, même plus qu'il n'en faut. On est 16 personnes par taxi alors que le quota est de 12.

Nous allons entamer la traversée des hauts-plateaux jusqu'au cap nord, faisant des haltes dans les packages, sorte de station de taxi brousse avec des cantines pour les voyageurs. Des gargotes, des vendeurs de boissons, des tablées où le plat unique, le romazava ou sorte de bouillon à base de feuilles et de zébu accompagné de riz, restaure les voyageurs affamés. Les nappes en plastique recouverts de mouches en quête de grains de riz tombés des assiettes.

Notre convoi insolite rempli de malgaches « différents » impressionne. Nos arrivées dans les cantines terrifient les propriétaires et les serveurs. Ils repèrent que nous vivons en France. Sans chercher à les impressionner, notre manière de nous comporter leur fait peur. Les autochtones deviennent maladroits, peu souriants et tout compte fait pas très accueillants.

« Faut-il payer plus cher pour avoir un sourire » lancera ma mère excédée par le manque d'accueil à chaque passage dans une énième cantine. Selon les dires des touristes, les malgaches font partis des gens les plus accueillants dans le monde. Mais là, on n'en faisait pas l'expérience.

« Hé, Mamé, lorsque vous arrivez, vous nous faites peur avec vos commandes, vos exigences et le nombre que vous êtes. Nous ne sommes pas habitués à cuisiner pour 20 personnes d'un coup. On sait que si quelque chose ne va pas, vous allez vous plaindre et vous énervez.» répond enfin une propriétaire avec le courage de se confronter à notre groupe.

« D'accord, je comprends mieux maintenant. »

Plus que ses habitants et ses coutumes, la terre malgache est impressionnante par sa diversité de paysages. Dans la lumière du jour qui se couche, après avoir traversé les vallons remplis de rizières, nous arrivons dans hautes-terres, dits hauts-plateaux. Le décor est grandiose, ce sont les High Land d'Ecosse en version plus aride et tout aussi froide, montagne de couleur sable et déroulant un haut panorama à couper le souffle. Elle cache aussi ses dangers potentiels, les pilleurs de taxi-brousse ou bandits de grands chemins qui détroussent les voyageurs. Prévenus de ce danger potentiel, notre tonton Etienne avait prévu sa tenue de chasseur, pantalon et veste de camouflage et fusil de chasse. A chaque halte, il sort fusil sous le bras et fait des rondes autour des taxi-brousses. Nous sommes tenus de faire nos besoins à quelques mètres des taxis. J'ai l'impression de me retrouver au far-ouest, au temps des diligences. Dans notre insouciance collective, nous ne pouvons qu'en rire.

Après les High Land, nous entrons en climat tropical et par conséquent, la forêt de bambous en tailles géantes. La chaleur et l'humidité se font sentir. Après les manteaux, nous nous dévêtissons pour se retrouver en short et t-shirt. Au camaïeu de couleurs de terre et sable succède les variétés de vert et d'arbres aux feuilles géantes que nous mettons en pot en France. Puis, nous entrons en brousse, terre plus sèche et encore boisée, traversons des villages avec de beaux marchés bien remplis. Poissons ou viandes séchées, brochettes ou légumes sont présents. On mange à même les étalages.

Trente six heures plus tard, nous arrivons sur la place du Tsena avec son marché couvert au petit matin, devant la porte du garage du lot 905, la maison familiale. Cette place me parait plus minuscule que dans mes souvenirs d'enfance où je me rendais le matin pour faire le marché avec la bonne de ma grand-mère et le soir pour vendre le plat à base de pieds de cochon avec mes cousins aux passants qui venaient manger. Aujourd'hui, je vois toute la relativité de mon regard d'adulte. Dans un silence religieux, nous débarrassons les taxi-brousses et tout notre équipage se répartit entre taxis pour retrouver le chemin des hébergements.

Ils nous restent 20 jours pour vivre la terre de nos pères, mères et de nos ancêtres.

Les copines de Maman

1

Ce week-end, je me décide à faire un saut chez mes parents. Maman a 69 ans. Papa a 74 ans.

« L'âge érotique ! Avec mes copines, on est deux à avoir 69 ans. L'âge érotique, c'est le moment d'en profiter, c'est ce qu'on se dit ! » me dit-elle gaiment.

Depuis dix ans, ma mère mène une seconde vie de copines, celle qu'elle n'a pas eue dans l'insouciance de l'adolescence. Ses copines s'appellent Marie-Claire, Agnès, Solange, Françoise, Christine et les autres.

Ensembles, elles ont réussi à organiser des manières de vivre les choses où le plaisir de se rencontrer et de ne pas se prendre au sérieux prime sur les moments de vie partagés. Cette période de sa vie lui réussit bien. Elle s'autorise enfin à l'épanouissement dans les relations et surtout s'est détachée de la peur profonde qui la freinait dans ses élans de vie.

« Comment ça va ? »

« Comment ça va » est notre passerelle. Cette formule peut relier comme elle peut être un trompe l'œil, une forme de bienséance pour quelqu'un qui cherche à se rendre aimable, mais qui n'a que faire de la réponse. Au contraire, quand l'autre occupe une place sincère aux yeux de son interlocuteur, cette passerelle devient lieu d'échange, une véritable porte ouverte à la rencontre, à l'invitation. A cette question, Maman s'ouvre en grand et cela lui donne des ailes.

« Oh, la ! Mieux, maintenant. Je suis sortie de mon lit. Je ne tousse plus, encore quelques accès de toux où je manque de m'étouffer, mais beaucoup mieux. »

Elle se prépare, car elle doit partir. Elle porte un jean moulant, un chemisier blanc seyant s'adaptant à ses formes arrondies. Ses cheveux courts ajustés par un brushing et son maquillage discret donnent une touche de coquetterie à son style décontracté, mais apprêté.

«Qu'as-tu prévu cet après-midi, ma chérie ? Je ne pensais pas que tu arriverais si tôt, je me suis inscrite à un stage de fleurs pour cet après-midi. Si j'avais su, je ne l'aurai pas fait. Je dois partir à 13h30. »

« Ne te fais aucun souci pour moi, je me débrouille, je vais rendre visite à ta sœur. Depuis combien de temps es-tu dans cette association, déjà ?»

« Deux ans maintenant. »

« C'est super. On dirait que ça te plaît vraiment. »

Entre deux portes, je la sens partager. Elle s'active pour partir et elle a envie de me raconter tout ce qu'elle vit et ce qu'elle trouve de bon dans cette activité.

Elle poursuit néanmoins :

« Oui, c'est chouette, je retrouve mes copines. Solange et les autres, on forme un groupe sympa. Elles sont drôles et on s'amuse beaucoup. Et puis, avec la période où mon genou m'a fait mal, c'était bien de les avoir. On s'organise des repas chez les unes et les autres, chacune à notre tour, avec les maris, comme pour le tennis. »

« Ah bon, et papa ne s'ennuie pas au milieu des filles et des fleurs ? »

« Penses-tu, il a retrouvé Jean-Pierre, le mari d'une entre-nous. Comme fait exprès, il fait du tennis au club aussi, je n'avais pas fait attention. Papa et lui se connaissent bien, car ils jouent ensemble. Donc, c'est parfait il s'y retrouve.»

« Dans le groupe, ma bonne copine, c'est madame Claude, mais elle va bientôt arrêter. Elle est arrivée avant moi à l'association depuis qu'elle est veuve. Elle est complètement fofolle. L'autre jour, elle nous annonce qu'elle va désormais faire de la danse country. C'est très à la mode maintenant, la country. Avec sa petite retraite, elle ne peut pas tout faire. Elle adore danser. D'ailleurs, Madame Claude, ce n'est pas son prénom. »

« Ah bon, pourquoi ce surnom ? »

« C'est exactement la question que j'ai posé aux autres filles. Dans son dos, elles l'ont appelé madame Claude. En vrai, elle s'appelle Solange. Mais, y a qu'avec nous que Solange accepte qu'on l'appelle madame Claude. »

« Et pourquoi Madame Claude ? »

« Et bien les filles m'ont répondu, « mais tu ne connais pas madame Claude, la mère maquerelle ? » Et bien, c'est Solange, elle est sur tous les coups, culottée. Quand on a organisé le forum des associations, c'est notre Solange qui attire le public au stand et qui distribue les tracs. Nous, on est timide, mais on n'est pas comme elle. Elle ose aborder les gens et leur demande : « Vous aimez les fleurs ? » en leur tendant un flyer. Parfois les gens répondent oui, et s'ils rajoutent « ça me donne des allergies. » A ce moment, notre madame Claude leur reprend le tract des mains en disant « Rendez-moi ça. »

Elle est complètement culottée notre Solange. Quand elle va au bal, elle danse toute la soirée, elle s'en fout, elle danse des slows avec sa copine, bras dans les bras. »

J'écoute maman raconter gaiement. Maman sait raconter avec entrain en imitant les gens. C'est tout son corps qui se met en mouvement dans ses histoires. Elle prend toujours soin de capter son auditoire en y rajoutant une touche comique et elle est elle-même très drôle. Donc, quand je vois ces mimiques, toute sa corporalité s'exprime, je ne résiste pas, je me bidonne.

« Il y a des moments où Solange perd pied et n'a pas le moral. Maintenant que je la connais mieux, je sais que ça ne va pas. Je lui demande alors : « Mais, qu'est ce qui t'arrives Solange ? »

Maman prend un air tristounet avec un visage de petite fille qui boude, faisant semblant d'être accoudée à une table, elle imite Solange qui pleurniche. Elle rajoute et fait Solange qui parle :

« Mon mari me manque. »Il est mort, il y a un ou deux ans, m'explique-t-elle. Ah ! Quand c'est comme ça, je connais la formule pour la faire sortir de son chagrin. »

« Laquelle ? »

« Il faut lui parler de ses petits enfants. « Alors, quand est-ce que tu as prévu de voir tes petits enfants ? Comment vont-ils ? » Ah, les petits enfants, c'est la formule magique pour que Solange retrouve le sourire. »

Elle imite Solange qui retrouve le sourire, secouant les épaules et répondant avec enthousiasme.

Devant son imitation joyeuse, son visage illuminée, je pars dans un fou rire monumental.

« Tu es une vraie comédienne, tu devrais faire du théâtre. »

Elle rebondit encore et repart dans une nouvelle explication :

« C'est ce que me dit Christine, ma prof. « heureusement que t'es là Eddy, sinon je ne sais pas comment je ferai. Christine est toute timide, avec le caractère de certaines participantes, elle se fait écraser et elle me dit parfois qu'après certains ateliers où des filles râlent trop, tu sais, il y a toujours des vieilles grincheuses, Christine pouvait être complètement démoralisée par ces comportements. Alors, désormais avec moi dans le cours, Christine est ravie, car je suis une miss catastrophe, plein d'humour. Je fais diversion. L'autre fois, j'essaie de piquer une fleur à grosse tige dans la mousse. Les grosses tiges, c'est le pire dans la mousse. Si tu te manques, ça fait un gros trou et après pour récupérer l'erreur, c'est compliqué. Qu'est-ce que je

fais, moi ? Je rate bien sûr. Et je dis :
« Christine, viens m'aider, c'est Beyrouth !
» et bien, avec mes expressions, Christine
ça la fait rire au lieu de stresser. Tiens, par
exemple, on fait un petit bouquet rond, il
faut être délicat et précis pour mettre l'eau
dans l'espace de réserve. Et bien, je
remplis… »

Elle s'imite remplissant l'emballage en
plastique servant de réservoir.

«… et là ! Catastrophe, l'eau s'écoule
partout sur la table. Ah, zut, un tsunami !
Voilà, je suis miss tsunami maintenant.
Pour me rattraper, je dis à Christine, qui
se marre toujours de mes catastrophes,
« maintenant une fois sur la table à côté
des autres bouquets, est-ce que vous
voyez une différence avec les autres
compositions florales ? Et bien, non ! Mon
bouquet tsunami est aussi beau que les
autres. » Bon, faut que j'y aille. » finit-elle
en regardant l'horloge.

Il s'est passé quinze minutes. Elle est dans le couloir à présent et elle m'a tout livré d'une seule traite avec l'enthousiasme des adolescentes ayant vécu une expérience extraordinaire. Elle me délivre tout avec l'envie, avec l'entrain, avec la vie dans ses mots. Je vois très bien comment toute son énergie se mobilise dans son corps en mouvement.

Il y a quelques jours, elle était au lit avec une bronchite carabinée. Elle s'était résolue à consulter son médecin, « il n'est pas question de mourir étouffer dans son lit à cause d'une toux » me dit-elle par téléphone, ni de supporter de trainer un mal plusieurs semaines avant d'envisager un traitement. Mais ce jour-là, on a coupé court à la conversation, parce que parler la faisait tousser et manquer d'air. En trois mots au ton de sa voix, je savais dans quel état intérieur elle se trouvait et même si elle ne me disait pas tout, elle n'était pas bien. Elle avait la voix des jours où le moral est en berne. A présent, devant moi, j'avais la vitalité incarnée.

2

Notre famille vient d'essuyer un deuil brutal. Un oncle décimé en deux mois à 60 ans. Mes parents se sont pris un coup de massue sur la tête. Il y a trois ans, il y a eu la première vague, deux oncles morts l'un après l'autre à un mois d'intervalle, le premier coup de semonce. Cette fois, ils étaient abattus une deuxième fois par la soudaineté. Leur visage s'est marqué un peu plus, touchés par cette réalité de la mort décimant leur génération petit à petit. Depuis trois ans, Maman a donc stoppé le tabac, ces deux morts successifs ont été un déclic. Du jour au lendemain, elle s'est dit « Il faut bien mourir de quelque chose, mais pas de quelque chose qu'elle entretiendrait elle-même. »

Quatre mois plus tard, je constate qu'ils sont entrés tous les deux dans un renouveau qui leur confère un sursaut de vitalité et de positivisme que je ne leur ai jamais vraiment connu. Ils s'entraident dans la maison, plaisantent, s'écoutent avec une attention particulière. Ils sont très attentifs aux autres, leurs voisins, leurs amis, leurs enfants.

A la maison, comme toujours, nos temps d'échanges s'articulent autour de la table. Ce matin, chacun se lève à son heure, mon père le premier, puis moi et enfin maman. C'est papa qui prépare la table du petit déjeuner pour tous les autres. Il mange, puis part à ses occupations. Quand il entend que les voix s'animent dans la cuisine, il se pointe et se mêle à la discussion.

« Comment ça va ? » dis-je.

Il commence à me raconter lui aussi des choses. Je suis abasourdie par ce changement inattendu, car papa répond toujours par un « ça va » et il passe, fin d'histoire.

Ici, je me tais, ce moment est simplement inimaginable, il se lâche. Quatre de leurs copains de tennis sont morts. Le groupe des vétérans actifs s'amenuisent aussi du côté des amis, Papa devient désormais un des plus vieux du club de tennis. Il me parle précisément de Jean, le doyen jusqu'alors, 89 ans, qui ne venait plus depuis Noël. Jean est le préféré de Maman. Il était banquier, avait beaucoup de classe et le tennis s'accordait parfaitement à son besoin de rester dynamique et en contact avec les gens. Jean adorait plaisanter. Il était un brin séducteur, en son temps, il plaisait beaucoup aux femmes et en vieillissant son humour a rendu grâce à sa beauté cachée par le masque du vieillissement.

Maman s'est inquiétée de ne plus le revoir au club. Elle commissionne papa pour avoir de ses nouvelles, parce qu'elle ne veut pas inquiéter sa femme en le faisant en personne. Il appelle donc chez lui. La femme de Jean l'informe qu'il est depuis quelques mois en maison de retraite et qu'il ne vit plus dans leur maison. Il devenait impossible à accompagner. Papa, proche de lui aussi, car son partenaire, se décide à lui rendre une visite. Lorsqu'il se présente en lieu et place de la maison de retraite, il découvre que c'est un lieu très médicalisé où on abandonne les vieux, mourants. Au premier abord, il est choqué, mais ne dit rien. Il découvre un Jean décrépi, habillé d'un t-shirt bariolé qu'il ne juge pas digne du Jean qu'il connait. Il s'annonce auprès de lui, mais Jean ne le reconnait plus, il n'est plus tout à fait lui-même.

« Il n'a plus toute sa tête », dit papa.

Jean est conscient et faible, mais même les paroles amicales de mon père ne le ramènent pas à leur réalité commune.

Papa lui prend la main pour établir un contact. Mais, ça ne ramène pas Jean à son bon souvenir.

Devant l'expression de la sénilité, mon père se sent impuissant et triste. La vieillesse dans son aspect le plus négatif s'est installée dans son corps et son âme divaguait déjà ailleurs.

« Ça m'a fait quelque chose là. » me raconte-t-il en mettant sa main sur sa poitrine.

La tête basse, il rajoute :

« Je n'ai pas pu rester plus longtemps, je suis donc parti. »

Je suis émue de le voir ainsi. Ça me fait quelque chose de le voir laisser libre cours à sa sensibilité. C'est nouveau pour moi de le voir ainsi. Lui aussi se transforme et ose s'adoucir, aptitude qu'il a longtemps éloigné de sa manière d'être parce qu'il ne savait pas comment y accéder. Avec le temps, comme dit la chanson, la vie a fragilisé sa carcasse, mais lui a permis de se montrer plus humain. C'est-à-dire, montrer ses sentiments.

Il dira ensuite qu'il valait mieux que maman ne le voit pas ainsi.

« Amoindri et son cerveau dans les brumes de l'oubli, ça n'était plus lui, maman n'aurait pas pu le supporter. » dit-il.

Maman écoute et acquiesce de la tête.

Et à papa de soupirer et de conclure sur :

« Et en plus, il venait juste d'acheter une nouvelle voiture… »

La voiture, symbole du mouvement vers l'extérieur, de qui conduit plus loin que chez soi, représente de qui s'apparente au possible de la conquête du monde extérieur. Acheter une nouvelle voiture est le signe qu'on est encore capable de tout cela !

Il y a dans ce soupir l'éphémère des possibles qui s'éclipse en un rien de temps. Je souris de cette allusion.

« Il était curieux et plein d'entrain et maintenant, il est mort et enterré. C'est le quatrième. »

Il me raconte tout cela et je mesure qu'à cet instant, mes parents ne sont pas broyés ou paralysés de tristesse d'avoir perdu un ami. Il y a dans leur attitude la conscience de leur présent en santé, plus vite fatigué et fragile certes, mais ils étaient bien et pouvaient encore profité de la vie devant eux. Leur vitalité aujourd'hui vient de cette conscience, mais ils savent par expérience que cette variable change du jour au lendemain. Ainsi, ils profitent entièrement du goût de la vie en pleine conscience de sa valeur. Un jour devenant un temps pour vivre pleinement.

« C'est qui le prochain ? » a dit mon oncle sans chercher à faire preuve de dérision ou de provocation lors du dernier enterrement.

C'est sur, ce n'était pas de la provocation, mais un sens du réalisme de leur état. Ils étaient désormais les plus vieux dans la famille et il fallait en profiter.

Ils ne se mentent plus. Ils savent que le reste de leur vie aura des hauts et des bas.

Je les trouve touchant surtout quand je mets en perspective les inquiétudes de mon quotidien, celui de mes impôts à payer ou autres préoccupations matérielles, futiles.

3

La journée se poursuit. Nous partons faire quelques courses chacun de notre côté.

Des outils et matériaux pour leurs prochains travaux d'entretien de la maison, pour eux. Des courses alimentaires pour moi. En rentrant, je prends un bain de soleil dans le jardin en fleur de mes parents. J'entends maman arriver en marmonnant.

« Je ne vais pas pour voir m'occuper de vous, ma fille est là, je vais en profiter. »

Elle a un escargot à la main.

« A qui parles-tu ? »

« A mon jardin. Je lui dis que tu es là et que je ne vais pouvoir prendre soin de mes plantes comme d'habitude. »

Elle jette l'escargot dans une vieille boite de Nesquick, referme le couvercle et secoue bien fort.

« Un escargot en moins, la boite de Nesquick est le broyeur d'escargot. Si je ne les ramasse pas, on est envahi. »

Nous rentrons dans la maison, elle débarrasse les courses et reçoit un coup de fil.

Elle vient vers moi téléphone sous le bras.

« Ma sœur me propose de venir manger chez elle. Nous avons prévu un repas ici, que préfères-tu ? Manger ici ou avec mes sœurs ? »

« Va pour le repas avec les sœurs. »

Elle reprend sa conversation téléphonique :

« Très bien, on arrive. »

Trente minutes plus tard, je retrouve mes tantes. Alice, Nono, Vévée, Nina autour de la table. Mon père est le seul homme de la famille à table. Trois d'entre elles sont veuves, la dernière est divorcée. Dix ans d'écart séparent la plus âgée de la plus jeune, enfin c'est un calcul à la louche.

Devant la table d'apéro, tatie Nono s'affaire et les autres papotent.

« Et les filles, qu'est-ce qu'on fait pour la fête des mères ? » lance Nono.

« N'a-t-on pas dit qu'on monte faire un week-end filles chez Vévée ? » dit Nina.

« Ah, oui, j'avais oublié », répond l'autre.

« Comment vas-tu, tatie ?

« Oh, en ce moment, je suis en marée haute. » répond tatie Vévée, dernière et récente veuve en date, en soupirant.

« Euh ? »

« J'ai rangé la chambre d'en bas avec toutes affaires de mon mari, et là, coup de cafard, ça fait trois jours que je pleure. »

« Comment ça se passe tous les jours pour toi, seule à la maison ? »

« Ah, difficile, mais je m'habitue. Tous les jours, je passe le voir. Heureusement que je n'ai pas forcé pour avoir ce caveau à Toulon. Tu te rends comptes. Maintenant, quand je rentre à la maison, je m'arrête et passe lui rentre visite et lui raconte ma journée. »

« Est-ce que ta fille t'a raconté son rêve ? » intervient ma mère.

« Lequel ? »dis-je en rigolant.

« Elo a rêvé de son père qui lui disait « dis à maman d'arrêter d'arroser les plantes, elle mouille ma tête. » répond ma mère toujours dans sa bonne humeur.

« Ah oui, elle m'en a parlé. Bien, je me suis dit qu'à chaque fois que j'arrose, il faudra peut-être que je vide la coupelle sous le pot. Tu te rends compte, je me suis même demandée, mais comment il va faire s'il pleut. »

« Ah, ah, ah » exclamais-je en rigolant. C'est le fou rire général. En deux secondes, sa mélancolie s'est transformée.

« Tu sais, quand je passe au cimetière, j'y vais chaque jour, à chaque fois, je me parle à moi-même. « C'est bizarre, il n'y a jamais personne ici ! »

Je m'éclate de rire et réponds :

« C'est normal, c'est un cimetière. Pas un centre commercial. »

Elle me répond en rigolant et poursuit.

« Quand je repars, je reprends la route de la maison et de l'autre côté du vallon, je m'arrête deux minutes et de loin, je vois l'olivier à côté de sa tombe et je lui fais coucou avant de repartir. »

Je lui souris avec tendresse. Assise près de moi, son regard se remplit de mélancolie à nouveau.

« Maintenant, ranger ses affaires me remplit de tristesse, c'est pour ça que je te dis que je suis en marée haute. Je n'arrête pas de pleurer. »

« Allez les filles, à table ! » dit Nono.

« Ah, je me demande comment tu fais Nono, ces repas, moi maintenant je ne peux plus. »lui dit maman.

« Et vos repas entre copines du tennis, maman. Vous continuez encore ? »

«Non, plus comme avant. Depuis que Marie-Claire est partie, Françoise ne peut plus jouer, mon genou blessé pendant plusieurs mois, on a arrêté les repas chez les unes et les autres une fois par mois. »

« Pourquoi ? Vous aviez une bonne ambiance.»

« Oui, c'est toujours le cas. Mais, maintenant, c'est épuisant de recevoir. Je suis contente de les voir, de partager notre temps, mais tout ce qu'il y a autour, la cuisine, le rangement et le ménage de la maison, ce n'est plus possible. Je mets deux jours pour m'en remettre. J'ai dit aux filles : « on va au club, on s'assoit et on commande. » Et bien, on est toutes d'accord, on profite plus et après chacun rentre chez soi, on s'éclate toujours autant et on apprécie de partager comme ça. C'est pour ça que je dis à Nono que c'est courageux. »

« Moi, maintenant, je fais seulement quand je me sens bien. Sinon, j'ai appris à dire non. L'autre fois, Monique m'a proposé de sortir, j'ai dit non, j'étais fatiguée, pas question de me forcer », répond Nono.

« Comment va Brigitte ? » demande tatie Vévée à maman.

« Bien, elle s'habitue à la retraite. Heureusement qu'elle a le tennis. Elle est toujours pour inquiète pour sa fille. Tu te rends compte, sa fille a fait des années d'études, a une belle situation professionnelle et aujourd'hui, à quarante ans et elle n'a toujours pas de mari, ni d'enfants. Brigitte n'en peut plus et se demande quand va-t-elle devenir grand-mère. » lui dit maman.

« Tu veux dire que c'est une véritable inquiétude au quotidien ? » interviens-je. A qui je sers la salade ? »

« Disons qu'elle se pose beaucoup de question concernant sa responsabilité ? » dit maman.

« Sa situation n'a peut-être rien à voir avec l'éducation des parents ? » je réponds.

« Nous, on essaie de la raisonner, mais on est plutôt mal placé, car on est toutes grands-mères. »

« Et puis, nous parlons de quelqu'un qui a une belle carrière de juriste et qui a réussi à se faire une place dans le monde professionnel. Elle n'est pas complètement à plaindre. Comment Brigitte surmonte ça ?» ajoutais-je.

«Qui me passe les chapolitas ? » demande Nina.

« Tu veux dire les chipolatas », répond un ami présent à table.

« Oui enfin, les chapolitas, tu m'as compris, je ne suis pas allée à l'école en France, moi. »

L'ami lui tend le plat, pas vraiment habitué à la verve familiale.

« Tiens, dit l'ami, voici les chipolatas, quand même. » répond il ne voulant pas se laisser faire.

Nina prend le plat et rajoute :

« Oui. Bon, de toutes les façons, elles sont meilleures chaudes. »

Un énorme fou rire général envahit la table, la diversion avait redonné du jus à tous. Tout le monde connaissait le sens de réparti de Nina. Elle réinventait le dictionnaire français. Elle avait un sens inouï de l'humour sans s'en rendre compte.

« Brigitte part en voyage et fait du sport, mais les petits enfants quand même, ça occupe bien. Alors, je la comprends, mais heureusement qu'il y a les copines, sinon elle pèterait un câble », reprend maman.

« C'est une deuxième d'adolescence que vous menez avec une autre insouciance. » dis-je.

« Oui, en quelque sorte. Se lever le matin, sentir le changement physique ou intérieur, ne pas toujours se reconnaître dans la glace ou dans ce qu'on croit être, mais cette fois avec tout le recul de savoir profiter de la vie en conscience.» conclut maman.

« Hum » acquiesçais-je.

« Tu sais, on essaie toujours de garder le contact d'une façon ou d'un autre. Par exemple, Françoise, tu ne la connais pas, et bien Françoise, elle a décidé de m'écrire. »

« T'écrire ? Par sms ? »

« Non, même pas, elle ne sait pas utiliser le portable, ni l'ordi. »

« Alors, comment ? »

« Et bien, comment avant ? »

« Comme avant ? »

« Oui, avec du papier et un stylo. Elle m'écrit une lettre par mois et elle me raconte ce qu'elle fait. On peut se téléphoner, on se voit aussi, mais non, elle a décidé que s'écrire c'était bien et qu'il fallait continuer, sinon ça allait se perdre. »

« C'est fantastique de vous réinventer dans la communication. Vous êtes extra, tes copines et toi.»

Les clés du bonheur selon maman se résument à ceci :

- dans un vœu de nouvel an, elle a formulé à mon compagnon du moment : « je te souhaite de ne pas vieillir con ». C'est tout elle.

- choisir de libérer du temps pour ceux qu'on aime et vivre pleinement la rencontre et le partage avec eux.

- Ecouter son corps, et faire seulement quand celui-ci vous dit qu'il peut.

- Dans les jours bons, profiter du bon et ne pas se plaindre de demain ou d'hier, aujourd'hui est encore là.

- L'humour, ça conserve !

En attendant la mort, nous devons profiter de la vie.

Retour aux sources

1

Voici le récit d'un voyage insolite.

Cette nuit, j'ai rêvé que quelqu'un pénétrait dans ma maison. Une petite fille. Elle va jusque dans ma chambre. Elle vient se coucher à mes côtés dans mon lit. Dans la pénombre, j'aperçois quelqu'un est à mes côtés. Je suis légèrement inquiète. Mais, je trouve surtout cela étrange, car elle me semble familière. Je me réveille. Dans le noir, je me retourne vers la gauche pour sentir son visage. Avec mes mains, je découvre son visage fin, délicat. On dirait un ange. Elle se laisse faire. Sous mes mains, je vois les traits d'ange. Je me lève.

Je parle à cette fillette :

« Pars, tu ne peux plus venir dans mes nuits ».

Je la sors du lit par la main avec délicatesse. Elle me suit docilement. Je la raccompagne jusqu'à la porte d'entrée qui est restée entrouverte depuis qu'elle est entrée dans la maison. Au matin de mon rêve, je découvre la maison, et il y a plein d'invités dans le salon. Le rêve se termine.

2

Dès le départ, nous sommes deux. Deux petites lunes dans l'immensité d'une galaxie. On baigne dans une chaleur tropicale et rien à l'horizon n'arrête notre course pour rechercher un lieu d'habitation.

Dès le début entre nous, c'est l'osmose. La chaleur et la douceur dans la fusion de nos corps juvéniles, la complicité lumineuse du non verbal, la sensualité profonde dans l'harmonie de notre duo.

Le voyage s'installe dans un mouvement permanent, puis devient plus complexe. Autour de nous, l'univers se compose de petits renversements qui nous retournent, de rythmes qui se superposent les uns aux autres, de saveurs qui nous submergent, d'espaces qui grandissent et se rétrécissent. Enveloppés dans nos cocons, on ne craint pas ce monde qui nous entoure, en perpétuel changement. Nous traversons ensembles ces modifications, solidaires dans l'étrangeté de ce vacarme ambiant qui devient notre quotidien.

Naturellement, on devient inséparables avec la nécessité d'avoir toujours à partager quelque chose. Partager le temps dans la sensualité de nos rencontres est notre quotidien. L'harmonie est là sans qu'on essaie quoi que ce soit. On sait ce que l'autre vit, on se lit de l'intérieur. Le temps qui passe est habité par nos jeux, le partage et l'intime complicité qui, de fait, prend place et grandit.

Autour de nous, le vacarme se fait plus pressant. Les tensions sont palpables, mais à deux, on est plus fort. On se sert les coudes pour affronter les tempêtes, les dépressions climatiques et parfois les éclairs qui grondent. Tout d'un coup, on prend conscience qu'il y a un dedans et un dehors. Dedans, il y a nous dans notre habitat protégé. Dehors, il y a l'orage, la pluie, l'apaisement qui ne nous touchent pas. La chaleur et le doux deviennent de moins fréquent, les tensions et les orages se multiplient. En dedans, on se suffit à nous même, on se protège l'un et l'autre. Dans nos jeux, nous conservons le plaisir et la curiosité qui compensent largement l'environnement changeant.

3

Un jour sans crier gare, le vide s'installe dans notre univers de jeu. Je bouge, mais ça ne suit pas. J'appelle, mais ça ne répond pas. Je recommence un peu plus tard la manœuvre en bougeant plus. Je mettrai longtemps à comprendre que mon mouvement créait les mouvements de l'espace de jeu. Mais, ils n'étaient plus les mêmes. Plus de danse à deux, seulement de l'agitation.

Mes mouvements, mon corps cherchent l'autre. Mes sens cherchent sa chaleur, sa douceur, sa consistance, ses réponses. Je sens bien quelque chose pourtant, mais il n'y a plus de retour, ni de rythme qui bat de l'intérieur, ni de fil d'histoire qui se raconte dans les caresses, les bercements, les tangages ou les coups.

L'étrangeté de cette nuit silencieuse s'installe pour un long moment, infinie en réalité. Cela me plonge dans une tristesse et un grand désespoir que je ne comprends pas. A part cette chose flasque qui flotte à mes côtés et dont je me contente. Où est mon autre ? La cohabitation avec cette chose sans vie va se poursuivre quelque temps. Je m'habitue à être à ses côtés en réinventant une vie à deux qui me plaisait tant avec cette chose sans réponse. Je sais jouer, alors je rejoue à l'intérieur.

Parfois, je réalise qu'il n'y a plus de motif, ni de réponse et le désespoir m'envahit à nouveau, je ne sais pas comment faire. Je suis dans la tourmente. Je ne sais plus comment m'en sortir. Je ne comprends pas.

« Où es-tu ? Pourquoi tu n'es plus là pour moi, avec moi ? »

Puis, puis la chose s'amenuise et le vide va prendre place. Parallèlement, mon espace se devient petit. Etrangement, je suis plus secouée et touchée par les petits orages de dehors. Ils se transforment en longues tempêtes qui secouent et où je ne peux chercher qu'à me cacher et à faire comme si je n'étais plus là.

A présent, je me mets à observer ce qui se passe dehors, alors qu'avant, cela m'était égal. Je n'en avais pas besoin, mais à présent ça m'occupe. La chaleur tropicale m'entoure encore. Je m'en rends compte encore mieux. J'ai envie de bouger, mais je ne sais pas si je peux. J'ai moins d'espace. J'ai très peur, tellement peur que je me sens toute étriquée. Je ne sais pas ce qui la provoque. Rien pour me sortir de cette paralysie. Plus la place de jouer, de bouger comme avant.

Parfois, un immense étau me serre et desserre, me donnant un nœud à l'estomac. Le voyage n'est plus agréable. Dehors, il se passe encore des choses, j'observe encore. Pour bouger, je me laisse emporter dans ce nouveau mouvement d'ensemble venant du là-bas.

4

Partir de là pour m'envoler dans l'immensité et retrouver la liberté de mouvement. Je voudrai que ça s'arrête et te chercher encore. Où es tu ? Pourquoi es tu parti ? Qu'ai-je fait pour que ça s'arrête avec toi ?

Quand je me remets à jouer, dans ces moments, j'oublie qu'il y avait un autre.

Contre toute attente, un jour, il se passe quelque chose. Ça presse et se pousse. Allons-y. Je n'en peux plus. Je suis pressée, vite. Je suis serrée dans cet espace si petit. Mais ça n'avance pas, je suis ailleurs, mais ça n'avance pas. Ma tête et mon cou sont coincés. En finir de cette vie. Partir. Te retrouver. Où es tu ?

Ça y est, tout s'arrête. Mes mouvements. Mon cœur n'en peut plus d'espérer, ralentit. Mes poumons s'arrêtent de bouger aussi. Ouf, enfin c'est fini. L'immensité du vide. Ne rien faire et se laisser entrainer dans le trou noir. Là où je suis, il n'y a personne. C'est encore du grand vide. C'est encore plus vide. Tu n'y es pas. Où es tu ? Même plus la force de rien.

Puis, le noir total. Le néant. L'immense solitude refait surface dans une chaleur noyée de vide. Un rythme surgit pourtant à l'intérieur de moi et autour tout est différent. Je ne sais pas ce qui se passe, je suis perdue dans l'espace. Que se passe-t-il ? J'ai été secouée, aspirée, avec un gout épais dans la bouche. Je crie.

Seule dans une boite, remplie de rien. Quelqu'un passe me voir et me met quelque chose dans la bouche. Quelqu'un remplit mon estomac serré. J'ai du mal à comprendre. Je suis encore triste, je pleure de désespoir. Personne ne me comprend. J'attends qu'on vienne pour moi. Je vais recevoir des visites. Quelqu'un va bien finir par s'occuper de moi, enfin jouer avec moi, je veux dire. Quand quelqu'un vient, ce n'est pas toi. Tout est différent et je ne me retrouve plus dans ce que j'aime, ce que je sais qui me fait du bien. Je suis perdue, où es tu ?

En fait, je suis née. Vivante, enfin presque...

Plus tard, j'apprendrai que je suis née bleue et inerte. En état de mort apparente. J'ai inhalé mon méconium poisseux dans lequel je baignais depuis trop longtemps. Refaire surface a duré de longues minutes dans cette réanimation musclée.

5

Je vais grandir dans une mélancolie et une grande solitude intérieure. Pourtant, je serai très entourée. Les autres feront ce qu'ils peuvent. Je m'ennuie. Je m'invente des choses dans mon monde.

Je vais grandir en oubliant que je cherche quelqu'un de perdu.

Je vais rencontrer des personnes spéciales à mes yeux. Ce sont des êtres de lumière qui lisent et savent ce qu'il y a à l'intérieur de moi. Ils sont capables de m'éclairer de l'intérieur et de me sortir de mon état intérieur de réserve ou de rêverie. A leur contact, ils lèveront le voile sur l'amnésie, la mémoire resurgit sous forme de sensations intérieures très puissantes dans mon être.

A 3 ans, je rencontre ce premier être beau et lumineux. Puis, à 7 ans, il meurt brutalement. L'extraordinaire de sa présence me rend folle de joie. Sa perte me plonge à nouveau dans un grand désespoir de sa mort, que personne n'explique à une personne de 7 ans. Cette expérience de joie intérieure renforce la nostalgie qu'il y a déjà en moi, sentiment que j'adorerai plus que tout. Et, j'expérimente la mort consciente à un âge où on peut tout se rappeler, mais ne rien comprendre si aucun repère n'est donné. Ce sentiment de perte me révèle un sentiment immense de déjà vécu.

A 10 ans, la perte d'un cousin. Il était jeune, 3 ou 4 ans. Il a été décimé en un an d'un cancer. A dix ans, je ne comprends vraiment le principe du cancer.

« Embrasse ton cousin, me dit on. »

J'embrasse ce corps raide et froid. Quel cousin, il est méconnaissable. Je suis raide, figée devant ce cadavre. Je suis saisie par la peine des adultes.

A 20 ans, nous enterrons une tante de 33 ans. Arrêt du cœur, me dit-on. En même temps que son corps qu'on enterre, je déterre un secret de famille, la mort sombre de son défunt mari, cet être lumineux de mon enfance. Je suis en arrêt devant ce que cache la fable de mes souvenirs de lui.

A 25 ans, je vis la mort des embryons et fœtus in utéro. Je fais le métier qui aide la mise au monde de l'enfant. J'interroge les exitus, les anomalies congénitales …durant mes études. Il n'y a pas de hasard, dit-on.

« Vas-y, je te laisse faire. »

« Ah, bon, mais vous êtes le médecin ? »

« Oui, mais vous avez fait le diagnostic, Mademoiselle. »

« Ah ! »

 J'annonce donc à une femme que son fœtus est mort en fin de grossesse.

« Je ne vois plus le cœur battre. Son cœur a cessé de battre… Euh, votre mari est là. Votre bébé est mort, Madame. »

« Que faut-il faire ? »

« Accoucher, Madame. »

« Accoucher ? »

« Oui, ce bébé doit sortir quand même. »

« Vous allez me faire accoucher, Mademoiselle ? » me demande cette mère endeuillée et désespérée.

« Oui, vous devez accoucher. Je serai à vos côtés. »

« Que se passe-t-il ? Que faites-vous elle va bientôt accoucher ?»

« On endort complètement les mères pour que ça aide. » répond l'anesthésiste.

« Pourquoi l'endormir maintenant ? »

« C'est le protocole. »

« En quoi, ça aide de rien voir, de rien sentir ? Je ne comprends pas ce protocole.»

« Tu es trop jeune. »

La souffrance est intolérable, tout le monde la fuit. Intérieurement, je ne comprends pas comment rendre inconscient une personne peut l'aider à échapper à la souffrance en elle. A son réveil, la situation existera encore. Je trouve cette attitude insupportable, mais je ne trouve pas les mots pour dire en quoi.

« Vas-y, toi. C'est ton rôle. »

« Ah bon, ça aussi. »

Je vais donc aider les femmes à mettre au monde des fœtus mort. Je couche les petits corps sans vie dans un frigo enveloppé dans des champs. On me demande de les présenter aux familles. Je les sors du frigo et les montre aux familles. Une fois, deux fois et encore…

Il n'y a pas de hasard, c'est moi qui suis de garde. Je m'exécute encore.

Après plusieurs expériences similaires, j'interroge.

« Ça vous est beaucoup arrivé les morts-in-utéro dans le début de votre prise de poste ? »

« Non, pas trop. »

Je m'inscris dans un stage de fin de vie avec Marie de Hennezel, psychologue ayant était à l'impulsion des soins palliatifs. J'ai étudié la naissance, mais c'est la mort et le deuil périnatal que je questionnerai en premier et qui me feront découvrir combien j'ai besoin de comprendre les choses de la mort pour comprendre la vie.

Comprendre les choses de la vie, de la mort et faire des liens entre elles deviendront primordial pour ma propre vie.

6

Dans ce rêve où je raccompagne hors de la maison cette fillette qui vient se coucher à mes côtés dans le lit, je conclus ce long périple vers la vie. Ma quête de mon autre s'achève. Je l'ai trouvé et elle est déjà partie et je la raccompagne dans sa vie pour vivre la mienne comme un être unique.

Avec ma formation et ma pratique, j'ai découvert que le bébé porte une histoire qui commence avant sa naissance, en lien avec ses parents. L'être humain est un être puissant de relation, il ne peut vivre seul, et c'est avec les autres qu'il se construit, même avant sa naissance.

Avec mon histoire inscrite à l'intérieur de moi, je réaliserai que le fœtus porte sa propre histoire, indépendante de l'histoire de ses parents. Au moment de sa naissance, il peut déjà avoir un lourd passé. Accompagner cet être vers une vie authentique est une grande responsabilité.

La mort attend parfois…

Nous avons besoin de nous ouvrir à la vie et aux autres.

Point de final, éternel commencement...

Lorsque j'étais petite, j'ai toujours senti qu'il y avait du beau et du bon dans la vie. C'était comme une intime conviction. J'ai l'intime conviction que pour vivre, j'ai commencé par la fin, la mort.

S'il y a du bon dans vivre, il me semble que cela se trouve dans ces détails du beau et du bon.

S'il y a du bon de vivre, il me semble que cela se trouve dans la rencontre, dans le partage humain.

Pourtant, vivre n'est pas facile et on ne le sait pas d'avance.

Mais, mourir non plus. Sauf, quand on regarde la vie ou la mort avec des yeux d'enfant qui s'étonnent infiniment et ne jugent pas.

Le défi dans mourir est de savoir d'avance qu'il y aura des difficultés. Le défi de mourir est peut-être d'avoir à s'y préparer, puisqu'on sait. Mais en vérité, y penser d'avance ressemble à quelque chose de fou ou d'impensable, surtout lorsqu'on est en pleine santé. Alors, les gens en bonne santé passent et quand ils croisent la mort sur leur route, cette dernière rappelle brutalement à l'ordre les choses de la vie.

Je crois que lorsque nous dépassons ce qui nous fait peur, perdre la vie ou tout perdre dans la vie, que ce soit pour vivre ou pour mourir, nous pouvons oser vivre ou décider de mourir quand notre heure vient. Mais, c'est plus facile à dire qu'à faire.

Je sais que la mort habite chaque être, jeune ou vieux, mais elle a sa manière propre d'exister à l'intérieur de chacun de nous. Notre courage réside dans le fait d'accepter la forme qu'elle prend dans nos vies et dans le fait de faire face à ce que cela produit en nous.

Pour le reste, il nous suffit de vivre vraiment. La mort peut attendre encore…

www.ingramcontent.com/pod-product-compliance
Lightning Source LLC
Chambersburg PA
CBHW070900160726
48004CB00003B/1168